NORWEGEN

mit dem Wohnmobil

Thomas Kliem

Camping in grandioser Landschft, wie am Geirangerfjord

NORWEGEN
mit dem Wohnmobil

Die schönsten Routen zwischen
Südkap und Nordkap

Thomas Kliem

BRUCKMANN

Die herrliche Küste rund um Bergen lässt das Herz des Reisemobilisten höher schlagen.

INHALT

Entdeckertouren in Norwegen

HYMER

NORWEGEN
Land und Leute

NORWEGEN LAND UND LEUTE

Die Inlandfähre im Fjordland bringt die Reisenden über die Fjorde.

Die wichtigste Information zuerst: Urlaub mit dem Reisemobil in Norwegen macht ungeheuer viel Spaß und die Reise wird zu einem unvergesslichen Erlebnis. Der Reisemobilist wird aus dem Staunen nicht mehr herauskommen. Grandiose Landschaften, die besondere Verkehrsinfrastruktur und die kulturellen Eigenheiten des Landes machen neugierig und werfen zugleich Fragen auf. Damit Sie Ihre Touren gut vorbereitet genießen können, machen wir uns zunächst auf eine kleine literarische Entdeckungsreise, denn nur wer weiß, was es zu sehen gibt, kann das Land auch mit all seinen Facetten entdecken.

Ein erster Überblick

Norwegen ist ein außergewöhnliches und wunderbares Reiseziel zugleich. Massentourismus gibt es in dem dünn besiedelten Land nicht und so bietet das Land viel Raum für eine spannende Reise. Obwohl sich viele Menschen mit einem Urlaubsaufenthalt in diesem Königreich einen Traum erfüllen und immer gern hierher zurückkommen, wird das Land leider häufig auf Stereotypen wie Kälte, hohe Preise, Fjorde und Elche reduziert. Lassen Sie uns gemeinsam entdecken, was es wirklich zu bieten hat:

Norwegen erstreckt sich über die westliche Hälfte der skandinavischen Halbinsel und ist das fünftgrößte Land in Europa. Gleichzeitig gehört das Königreich mit einer Einwohnerzahl von rund 4,7 Millionen zu den kleinen Staaten Europas. Gemeinsame Grenzen hat Norwegen mit Schweden, Finnland und der GUS. Der Landesname »Norge« heißt übersetzt »der Weg nach Norden«, denn schon sehr früh suchten die Seefahrer ihren Weg zum Eismeer entlang der norwegischen Küste, die dank des warmen Golfstroms klimatisch begünstigt ist und auch in den Wintermonaten nicht zufriert.

Kennzeichen des Landes ist die lange Nord-Süd-Ausdehnung, es erstreckt sich über 14 Breitengrade vom südlichsten Punkt, dem Kap Lindesnes, bis zum Nordkap über rund 1.750 Kilometer Luftlinie. An der schmalsten Stelle, in der Nähe der nördlichen Stadt Narvik, ist das Land lediglich 6,5 Kilometer schmal. Eine weitere Besonderheit stellt die lange Küstenlinie mit den unzähligen Inseln dar. Allein die Festlandküste hat eine Länge von rund 22.000 Kilometern. Addiert man die Küste der Inseln hinzu, so ist die Küstenlinie rund 35.000 Kilometer lang. Die Zahl der Inseln wird auf rund 150.000 geschätzt.

Vorangehende Doppelseite: Mit Kreuzfahrtschiffen auf Tuchfühlung im Geirangerfjord

Linke Seite: Zahlreich sind die Seen in Norwegen – hier zum Beispiel der Snåsasee bei Tröndelag.

Jeder Fjord präsentiert sich dem Urlauber unterschiedlich – der Hardangerfjord ist besonders idyllisch.

-höchster Berg
-größte Gletscher-region

Norwegen ist ein Gebirgsland und so liegt mehr als die Hälfte des Landes über einer Höhe von 500 Metern NN und rund ein Viertel höher als 1.000 Meter NN. Die höchsten Erhebungen findet man in der Hochgebirgsregion Jotunheimen. In dessen Zentrum thront der Galdhøpiggen, der mit 2.469 Metern der höchste Berg Skandinaviens ist. In der Nachbarschaft befindet sich Jostedalsbreen, die größte Gletscherregion auf dem europäischen Festland.

Die Besiedlung vollzog sich überwiegend entlang der Küste. Hier befinden sich die größten und meisten Städte wie die Hauptstadt Oslo mit 550.000 Einwohnern, Bergen (240.000 Einwohner), Trondheim (156.000 Einwohner) und Stavanger (114.000 Einwohner). Die Besiedlung verteilt sich jedoch über das ganze Land und auch weit nördlich des Polarkreises sind größere Städte wie Tromsø und Hammerfest, die allgemein als die nördlichste Stadt der Welt bezeichnet wird, zu finden. Die »Warmwasserheizung« Golfstrom ermöglicht ein Leben in den nördlichen Provinzen des Landes. Das Klima ist wesentlich milder als in anderen Teilen der Welt mit gleicher Breitenlage, jedoch herrscht in den Wintermonaten für eine gewisse Anzahl von Tagen – abhängig von der nördlichen Breite – die Polarnacht und es bleibt überwiegend dunkel. In den Sommermonaten erfreuen sich die Nordnorweger an der Mitternachtssonne und so scheint an dem (fast) nördlichsten Punkt Europas, dem Nordkap, die Sonne an 80 Tagen auch nachts. Die »Tage ohne Nächte« sind für viele Urlauber der Hauptgrund, nördlich des Polarkreises Urlaub zu machen. Eine nächtliche Wanderung bei Sonnenschein wird zu einem unvergleichlichen Reiseerlebnis.

Norwegen gliedert sich in fünf Landesteile und verfügt insgesamt über 19 Provinzen, die sogenannten »Fylker«. Diese haben unterschiedlich große Landesflächen und beheimaten unterschiedlich viele Bürger. Während in der Provinz Oslo auf einem Quadratkilometer durchschnittlich 1.000 Menschen leben, ist es in der nördlichsten Provinz lediglich ein Norweger auf einem Quadratkilometer. Durchschnittlich leben 14 Einwohner auf einem Quadratkilometer (231 Einwohner/km^2 in Deutschland). Jede Provinz hat eine eigene Landeshauptstadt, von der aus die Provinz verwaltet wird. Einige Provinzen bilden zusammen einen Landesteil. Es wird unterschieden zwischen Sörlandet (Südnorwegen), Östlandet (Ostnorwegen), Vestlandet (Westnorwegen), Tröndelag (Mittelnorwegen) und Nord-Norge (Nordnorwegen). Außerhalb des norwegischen Festlandes gehören die Inselgruppe Spitzbergen und die Insel Jan Mayen zum Königreich Norwegen.

Staatsoberhaupt ist seit 1991 König Harald V., ihm wird sein Sohn Haakon mit seiner aus den Boulevardblättern bekannten Frau Mette Marit auf den Thron folgen. Regiert wird das Land vom Ministerpräsidenten Jens Stoltenberg (seit 2005). Das Parlament (Storting) verfügt über 165 Sitze und ist im Stadtzentrum von Oslo ansässig.

Ein Blick auf die Geschichte

Die Entstehungsgeschichte des landschaftlich vielfältigen Landes geht bis in das Präkambrium zurück (vor mehr als 570 Millionen Jahren). In der Phase der kaledonischen Gebirgsbildung schoben sich mehrere Decken unterschiedlichen Alters auf und so entstand u. a. die Gebirgsregion Jotunheimen. Das gegenwärtige Landschaftsbild Norwegens geht jedoch auf die letzte Eiszeit zurück. Diese dauerte in Skandinavien rund 2,5 Millionen Jahre und endete vor rund 10.000 Jahren. In dieser Eiszeit (Pleistozän) war die durchschnittliche Temperatur zwischen 8 und 14° C tiefer als heute und so bauten sich schnell Gletscher auf. Im Laufe der Zeit war ganz Norwegen von einer mächtigen Eisschicht bedeckt. Dieses nordische Inlandeis bedeckte eine Fläche von rund 3,1 Millionen km². Die Eismassen drangen sogar bis nach Norddeutschland vor. An der mächtigsten Stelle war der Eispanzer rund 3,5 Kilometer dick und durch die unglaubliche Kraft und Bewegung der Eismassen wurde das Land überformt und verformt. Die Gletscher, die in den Tälern lagen, arbeiteten wie eine »Planierraupe« und schufen durch ständiges Vor- und Zurückschreiten die Fjorde. Als die Eismassen dann abschmolzen, ließ auch der Druck auf das Land nach und es setzte die Landhebung ein (Isostasie), die bis heute anhält. Gegenwärtig beträgt die Landhebung im Küstenbereich des Fjordlandes rund einen Zentimeter in zehn Jahren.

Als nach der Eiszeit die ersten eisfreien Gebiete entstanden waren, zog es vor rund 8.000 Jahren die ersten Völker nach Norwegen. Wahrscheinlich waren die ersten Siedler zwei verschiedene Zweige der indogermanischen Völkerfamilie. Die anschließende Besiedlung des Landes erfolgte schleppend. Die vielen Felszeichnungen, die teilweise bis zu 6.000 Jahre alt sind (Helleristninger), zeugen noch heute von der frühen Besiedlung. Die Bewohner des Nordens zogen als Nomaden umher, um Wild zu jagen, und im Süden begann man mit der Landwirtschaft. Zu den ersten »Agrargebieten« gehörte die Region rund um den Oslofjord.

Im Bronzezeitalter (1500 – 500 v. Chr.) betätigten sich die Menschen weiterhin als Jäger und Bauern. Ab etwa 500 v. Chr. wurden Sumpferze verhüttet und Metallgegenstände angefertigt. Aufgrund einer Klimaverschlechterung erfolgte eine Abwanderung und zahlreiche Siedlungen verfielen.

In der Völkerwanderungszeit (400 – 550 n. Chr.) gerieten auch die Völker Skandinaviens in Bewegung und in der Folgezeit wurde mit der Errichtung von Verteidigungsanlagen begonnen. Es folgte die Wikingerzeit, die zwar nicht einmal drei Jahrhunderte von 800 bis 1066 n. Chr. andauerte, aber sicherlich zum spannendsten Kapitel der norwegischen Geschichte gehört. Die Wikinger, ein germanisches Volk mit altnordischer Sprache, die bekannt waren als grausame Plünderer und exzellente Seefahrer, entdeckten auch Amerika.

Die norwegische Flagge weht an vielen Häusern.

Einsame Fischerboote vor einer kleinen Insel im Hardangerfjord.

Die Felszeichnungen in Alta entstanden vor rund 2.500 bis 6.500 Jahren.

Es war Leiv Erikson, der im Jahr 1001 zwischen Labrador und Neufundland den amerikanischen Kontinent betrat. Der Tod des Wikingerkönigs Harald Hårdråde in der Schlacht von Stanford Bridge in England (1066) gilt als das Ende der Wikingerzeit.

Im Mittelalter setzte sich das Christentum durch und zahlreiche Könige festigten die Königsmacht. Um 1350 wurde das Land von einer verheerenden Pest heimgesucht, der rund die Hälfte der Bevölkerung zum Opfer fiel.

1380 ging Norwegen eine Personalunion mit Dänemark ein, die bis zum Jahre 1814 Bestand hatte. 1536 zog auch in Norwegen die Lehre Martin Luthers ein und das Land trat zur protestantischen Kirche über. Im 16. bis 18. Jahrhundert entwickelte sich die Wirtschaft stark. Ein neuer Schiffstyp begünstigte die Intensivierung des Fischfangs, der seit langer Zeit die wichtigste Grundlage der Wirtschaft darstellte. Gegen Ende des 18. Jahrhunderts mündete das starke Nationalbewusstsein im Wunsch nach einer eigenen norwegischen Bank und einer Universität. Auch während der Napoleonischen Kriege (1807–1814) hielt das starke Nationalgefühl an.

Drachenköpfe zieren einige Stabkirchen.

Das Jahr 1814 ist ein wichtiges historisches Datum. Im Kieler Frieden musste Dänemark das Land Norwegen an Schweden abtreten. Vorausgegangen war eine Niederlage Napoleons gegen die Ostseemacht Schweden. Frankreich unter Napoleon war ein wichtiger Bündnispartner von Dänemark-Norwegen. Aufgrund des Sieges verlangte Schweden das Land Norwegen zur Sicherung seiner Grenzen. Die Norweger erkannten den Kieler Frieden nicht an und wollten keine Personalunion mit Schweden. So trafen sich am 17. Mai, dem heutigen Nationalfeiertag, zahlreiche Abgesandte in Eidsvoll und verabschiedeten eine neue Verfassung. Zum neuen König wurde Christian Frederik gewählt. Die Schweden wollten Norwegen um jeden Preis und marschierten ein, um Norwegen militärisch zur Personalunion zu zwingen. Norwegen lenkte ein und Christian Frederik verzichtete auf den Thron. Die Union mit Schweden hielt bis 1905 an. In den Jahren 1866 bis 1916 verzeichnete man in Norwegen eine massive Auswanderungswelle. Rund 750.000 Menschen zog es nach Nordamerika. Nach einer Volksabstimmung im Jahr 1905 entließ Schweden das Land Norwegen in die Souveränität. Die Bevölkerung entschied sich für die Monarchie und so wurde der dänische Prinz Carl vom Parlament zum König gewählt.

Das Jahr 1911 ist für die Norweger ein historisches Jahr. Am 14.12.1911 erreichte Roald Amundsen im Wettlauf mit dem Briten Scott als erster Mensch den Südpol. Zu Beginn des Ersten Weltkrieges erklärte Norwegen wie auch Dänemark und Schweden seine Neutralität wurde jedoch in den Krieg miteinbezogen und erlitt in einem U-Boot-Krieg und durch die Verminung der Meere Verluste. Nach dem Krieg setzte eine wirtschaftliche Depression ein. Bei Ausbruch des Zweiten Weltkrieges erklärte Norwegen erneut seine Neutralität, doch die hielt deutsche Truppen nicht ab, am 9. April 1940 das Land anzugreifen. Der König ging nach England ins Exil und Norwegen erlitt wiederum Verluste und verzeichnete Zerstörungen. In den Nachkriegsjahren versuchte Norwegen sich politisch zu festigen. Der Norweger Trygve Lie wurde der erste Generalsekretär der Vereinten Nationen.

1957 machte erneut ein norwegischer Abenteurer von sich reden. Es war Thor Heyerdahl, der mit einer internationalen Crew und seinem mittlerweile berühmten Holzfloß »Kon-Tiki« von Peru über den Pazifik zu den polynesischen Inseln segelte. Mitte der 1960er-Jahre wurden gigantische Erdöl- und Erdgasvorkommen in der Nordsee entdeckt und im Dezember 1969 das erste Öl zutage gefördert. Bereits in den 1970er-Jahren entwickelte sich das Land zu einer bedeutenden Ölnation. Die jüngsten Ereignisse verdeutlichen, welche Bedeutung der Wintersport für das Land hat, und so wurden die Olympischen Winterspiele 1952 in Oslo und 1994 in Lillehammer ausgetragen.

Zu Beginn des 21. Jahrhunderts ist Norwegen ein wirtschaftlich und politisch gefestigter Staat. Rund 4,6 Millionen Bürger profitieren von einem intakten Sozialstaat, der ihnen unter anderem ein fortschrittliches Gesundheits- und Bildungswesen bietet. Norwegen gehört zu den reichsten und hochentwickeltsten Ländern der Erde (höchster HDI – Human Development Index) und blickt aufgrund der Ölreserven in eine rosige Zukunft.

Wirtschaft

Das »Schwarze Gold« hat das Leben in Norwegen verändert und so sind dank der Einnahmen durch Erdöl und Erdgas das Bildungssystem, das Gesundheitssystem sowie die gesamte Infrastruktur in vielen Belangen vorbildlich. Die mächtigen Ölfunde in der Nordsee Ende der 1960er-Jahre und der rasche Aufbau der Erdöl- und Erdgasindustrie haben das Land reich gemacht. Neben diesem Wirtschaftszweig spielen der Schiffsbau, der Tourismus und die Fischerei eine wichtige Rolle. Norwegen rangiert im internationalen Vergleich der Fischereiländer auf Rang zehn. Aquakultur wird in großem Umfang betrieben und so werden in den Fjorden in riesigen Netzkäfigen überwiegend Zuchtlachs, Forelle und Dorsch gezüchtet.

In engem Zusammenhang mit der Industrie steht auch die Hydroelektrizität, die Stromerzeugung durch Wasserkraft. Fast 100 Prozent des norwegischen Stroms werden von Wasserkraftwerken umweltfreundlich und kostengünstig produziert.

Die wirtschaftlich ausgesprochen gute Situation Norwegens hat dazu geführt, dass sich die Norweger 1994 in einem Referendum erneut gegen eine Mitgliedschaft in der EU entschieden haben. Die Arbeitslosenrate liegt bei rund vier Prozent. Der Tourismus spielt ökonomisch betrachtet anders als in vielen anderen europäischen Ländern nur eine untergeordnete Rolle, obwohl Norwegen mit seinem Naturraum, den grandiosen Landschaften und der beeindruckenden Flora und Fauna hochkarätige Attraktionen besitzt.

Die norwegische Tier- und Pflanzenwelt

Für die Vegetation in Norwegen ist in erster Linie das durch den Golfstrom begünstigte und somit im Vergleich mildere Klima verantwortlich. Darüber hinaus wird die Vegetation von der Breitenlage, der Höhe, dem Untergrund und den Lichtverhältnissen bestimmt. An keiner Stelle in der Welt sind Ackerbau

Norweger sind sehr gastfreundlich und immer für ein Späßchen zu haben.

Bau einer Bohrinsel

Der Elch in der Natur und auf dem Verkehrsschild

und Viehwirtschaft so weit nördlich möglich wie in Norwegen und auch die Birke ist nirgendwo sonst so weit nördlich zu finden. Im Vergleich zu den mittel- und südeuropäischen Ländern ist die Pflanzenwelt in Norwegen wie auch in Schweden und Finnland artenärmer. Im Bereich des Fjordlandes herrschen zwei Vegetationszonen, der Mischwald und die Fjellvegetation. Die Mischwaldzone erstreckt sich entlang der Küste und stößt mit den großen Fjorden weit in das Inland vor. In dieser Zone haben die Nadelbäume jedoch einen Anteil von 75%. Vorherrschende Baumarten sind Fichte und Kiefer sowie Birke, Zitterpappel, Eberesche und Erle. Mit zunehmender Höhe nimmt der Baumbestand ab und die Vegetationszone geht in die Fjellvegetation über. Die Zone ist aufgrund der Höhe und der damit verbundenen extrem kalten Winter sehr artenarm. Bäume fehlen überwiegend. Nur vereinzelt stehen Zwergbirken. Das Landschaftsbild wird durch Gras- und Zwergsträucher, Moose und Flechten geprägt.

Mit der norwegischen Tierwelt assoziiert man sofort den Elch, das Rentier und die lästigen Mücken, die manchmal die Urlaubsstimmung trüben können. Neben diesen typischen Vertretern stößt man jedoch auf weitere Tierarten. In den südlichen Bereichen leben Hasen, Füchse, Hirsche, Rehe und Dachse. Im Bereich der Küste und auf den zahlreichen Inseln ist eine artenreiche Vogelwelt zu beobachten, man sieht hier beispielsweise Eiderenten, Silber- und Raubmöwen, Dreizehen- und Eissturmmöwen, Basstölpel, Krähenscharben, Austernfischer, Lummen und Alken sowie Papageientaucher. In den Flüssen, Seen und Fjorden leben zur Freude vieler Angler u.a. Lachse, Forellen, Hechte, Karpfen und Barsche. Im offenen Meer und in den Fjorden dominieren die Fischarten Dorsch, Lodde, Köhler, Makrele, Hering und Schellfisch. Vor der Inselgruppe Lofoten und Vesterålen ziehen auch Wale ihre Bahnen.

Der beliebteste Repräsentant der nordischen Tierwelt, den man leider nur sehr selten sieht, ist der Elch. Der Elchbulle, der »König der Wälder«, kann im Gegensatz zum kleineren und leichteren Weibchen bis zu 2,80 Meter lang und bis zu 500 kg schwer werden. Er trägt ein mächtiges Stangengeweih, ist ein guter Schwimmer und kann dank der spreizbaren Hufe auch Sumpf- und Moorgebiete durchqueren. Leider ist der Elch sehr scheu und versteckt sich daher meist tief in den Wäldern. Lediglich auf Verkehrsschildern und Autoaufklebern ist er in Norwegen immer präsent.

Auch im Fjordland ist das Rentier anzutreffen. In der mächtigen Hochfläche Hardangervidda findet es seinen südlichsten Lebensraum. Vorwiegend lebt das kälteliebende Tier in Nordnorwegen, in Lappland, und wird vom einstigen Nomadenvolk, den Samen, gezüchtet. Den Touristen werden im Norden Skandinaviens zahlreiche Produkte rund um das Rentier angeboten.

Papageientaucher auf der Insel Runde

Klima

Für jeden Reisenden spielt das Wetter eine Rolle. Auch wenn man mit dem Wohnmobil wetterunabhängig ist, studiert man abends seine Reiselektüre lieber unter freiem Himmel mit dem Blick auf den Fjord als im geheizten Wohnmobil. Das Klima in Norwegen wird in erster Linie durch den Golfstrom bestimmt. Aus der Karibik strömen warme Wassermassen an der Küste vorbei und begünstigen die Temperaturen im Winter, sodass die gesamte norwegische Küste nicht zufriert. Die Häfen bleiben in der Regel eisfrei. Die Auswirkungen des Golfstroms betreffen in erster Linie die Temperaturen im Winter. Im Sommer ist der Einfluss wesentlich geringer. Entgegen der gängigen Meinung kann es in Norwegen im Sommer auch heiß werden. In Bergen beträgt die Monatsdurchschnittstemperatur für den Juli 15° C (Januar 1,5° C). An der Küste herrscht ein ausgesprochen maritimes Klima.

Eine klimatische Besonderheit des Fjordlandes ist der Niederschlag. Aufgrund des steilen Anstiegs des Landes im Küstenbereich und der vorherrschenden Westwinde regnet es sich in diesem Landesteil sehr stark aus. Die Hansestadt Bergen verzeichnet hierbei einen Negativrekord und gehört mit rund 2.000 mm Niederschlag im Jahr zu den regenreichsten Städten in Europa. Hier regnet es mengenmäßig fast dreimal so viel wie in der Bundesrepublik Deutschland. Durch die Fjorde stößt das milde Klima teilweise in das Inland vor. Mit zunehmender Höhe und in Richtung Westen wird das Klima kontinentaler. In den höher gelegenen Fjellgebieten sinken die Durchschnittstemperaturen. Hier hat der Golfstrom seinen Einfluss verloren, sodass die Temperaturschwankungen sehr groß werden. In den Wintermonaten werden in den Fjellen Temperaturen zwischen –20° C und –30° C gemessen.

Eine weitere Besonderheit ist die Lichtintensität. Aufgrund der nördlichen Lage ist die Sonne in den Sommermonaten wesentlich länger zu sehen. Die Mitternachtssonne scheint nur nördlich des Polarkreises, aber auch in den nördlichen Provinzen des Fjordlandes wird es in den Monaten Juni und Juli nicht richtig dunkel, sodass man längere Urlaubstage als in den südlichen Urlaubsländern genießen kann.

Der Schnee verzaubert die Landschaft Norwegens in ein romantisches Wintermärchen.

Die Auswahl an frischen Schalentieren ist riesig auf dem Fischmarkt in Bergen.

Bergen

Kulinarische Entdeckungsreise

Die norwegische Küche gehört zweifelsfrei zu den vielen Attraktionen, die das Land zu bieten hat. Bekannt ist das »Smørgåsbord«, das beliebte skandinavische Büfett, auf dem Brot, Suppe, Fisch- und Fleischgerichte sowie Desserts präsentiert werden. Das Frühstück fällt in der Regel sehr reichhaltig aus und selbst Fisch, überwiegend Hering in verschiedenen Marinaden eingelegt, kommt auf den Tisch.

Generell kann man in den zahlreichen Restaurants gut essen. Fleisch- wie auch Fischgerichte werden in vielen Variationen angeboten. Allerdings sind die Preise in den Restaurants höher als in Deutschland. Geld sparen kann man in der Mittagszeit, dann wird ein Tagesgericht preiswerter angeboten. Zu berücksichtigen ist auch, dass nicht jedes Restaurant über ein Schankrecht verfügt und so kann der Gast teilweise nur alkoholreduziertes Bier (Lettöl) bestellen. Zum Essen trinkt man eines der vielen norwegischen Biere und nach dem Essen vereinzelt einen Aquavit. Zu den weltweit bekannten Aquavits gehört der norwegische Linie Aquavit, der auf großen Frachtern in den Fässern durch das Schütteln reift und den Äquator passiert haben muss.

Selbstversorger erfreuen sich stets an dem großen Warenangebot. Insbesondere Fischgeschäfte können mit einer großen Bandbreite an Fangfrischem aufwarten: Von Lachs über Garnelen und Muscheln, in verschiedene Marinaden eingelegte Heringe bis hin zum weltberühmten Stockfisch (getrockneter Dorsch) hat der Fischhändler alles zu bieten. Man kann den Fisch auch direkt am Hafen kaufen. Der fangfrische Verkauf, direkt vom Kutter, hat sich mittlerweile zu einer touristischen Attraktion entwickelt, ist jedoch unter Umständen teurer als der Fischkauf in den Lebensmittelgeschäften. In der Hansestadt Bergen lädt der Fischmarkt zum Bestaunen der Meeresfrüchte und natürlich auch zum Einkaufen ein.

Besonders empfehlenswert ist eine Pause in einem der vielen idyllischen Cafés. Mit Blick auf die Altstadt oder den Hafen schmecken der Kaffee und ein kleines Hefeteilchen ganz besonders. Wer eine Tasse Kaffee bestellt, kann gegen geringe Mehrkosten so viel Kaffee trinken, wie er möchte. Die Bäckereien und Konditoreien warten mit vielen verschiedenen Kuchen und Gebäcken wie Sauerrahmwaffeln, Mandeltorte und Himbeertorte auf. Typisch ist die Verarbeitung von Zimt und Zucker bei den leckeren Hefeteilchen (z. B. Skillingsbullor, Wienerbröd, Skolebröd).

Schließlich sollte auch das umfangreiche Weihnachtsbüfett »Julebord« nicht unerwähnt bleiben, in dessen Genuss auch Wohnmobilreisende kommen können, denn dank Wintercampingplätzen und moderner, gut isolierter Wohnmobile lockt Norwegen auch im Winter. Guten Appetit!

Mit dem Wohnmobil unterwegs in Norwegen

Sicherlich zieht es nur wenige Wohnmobilisten im Winter nach Norwegen. Die meisten Urlauber bereisen mit ihrem Wohnmobil in den Sommermonaten das skandinavische Land. Sie fahren mit großen Erwartungen Richtung Norden und kommen begeistert zurück, was zum einen an der grandiosen Landschaft, der herrlichen Natur und zum anderen an den Möglichkeiten liegt, die der Urlaub mit dem Wohnmobil bietet. Bevor man jedoch über das Fjell und vorbei am Fjord eine Entdeckungsreise in Norwegen durchführt, muss man die Anreise hinter sich bringen. Auch wenn man seit der Eröffnung der Öresundbrücke zwischen Dänemark und Schweden im Jahr 2001 die Straße nicht mehr verlassen muss, so empfiehlt sich weiterhin, eine Fähre zu buchen. Sie spart Zeit und bedeutet Urlaub von Anfang an, denn eine Fährfahrt kann in der herrlichen Landschaft zu einer Mini-Kreuzfahrt werden.

Die Fährfahrt – der erste Schritt

Wer die Wahl hat, hat die Qual, denn zahlreiche Nordeuropafähren befördern Passagiere und Fahrzeuge nach Norwegen bzw. Schweden. Die Passagen dauern unterschiedlich lang und können als Tag- oder Nachtfahrten gebucht werden. Bei längeren Überfahrten benötigt man eine Kabine. Auch die Preise gestalten sich sehr unterschiedlich. Generell hängt der Preis von der Dauer der Überfahrt und von der Saison ab. Überfahrten in der Nebensaison sind günstiger als in der Hauptsaison und vielfach bieten die Reeder auch zu bestimmten Abfahrten Camper-Spezial-Tarife an. Es lohnt sich daher, die Preise zu vergleichen und bei den Anreise- und Abreisetagen flexibel zu sein. Darüber hinaus bieten die Fährgesellschaften auch Clubmitgliedschaften an, die sich dann durch Rabatte lohnen. Hat man sich erst mal durch das Angebot durchgekämpft, wird man eine herrliche und sichere Fährüberfahrt erleben, denn der ADAC hat den skandinavischen Fähren die Sicherheit bestätigt.

Die Überfahrt beginnt mit dem Einchecken am Autoterminal. Sind die Tickets geprüft, kann man mit dem Wohnmobil auf die riesige Fähre fahren. Aufgrund der Fahrzeughöhe parkt man auf dem Lkw-Deck. Nachdem man auf den Millimeter genau geparkt, den Gang eingelegt und die Handbremse angezogen hat, kann man das Fährschiff genauer unter die Lupe nehmen. In Shops und Restaurants kann man sich die Zeit vertreiben. Nicht entgehen lassen sollte man sich das Ablegen, das man vom hohen Sonnendeck aus bestens beobachten kann. Dann setzt sich der Koloss in Bewegung und nimmt Kurs auf Norwegen oder Schweden.

Ende 2004 hat Color Line mit der »Color Fantasy« ein wahres Kreuzfahrtschiff auf der Route Kiel–Oslo in Betrieb gestellt. Im September 2007 folgte ihr das Schwesterschiff »Color Magic«. Einkaufspassage, Schwimmbad mit Wasserrutsche, Sauna, unterschiedliche Restaurants, Kasino, Kino, Bars und Showprogramm begeistern den Passagier, der sich in modernen Kabinen bis zum nächsten Morgen erholen kann (19,5 Stunden Überfahrt). Auch die Stena-Line-Fähren von Kiel nach Göteborg (Autofahrt dann drei bis vier Stunden bis Oslo) vermitteln ein Kreuzfahrtgefühl und sind eine preisgünstigere Alternative. Nach der Nachtfahrt setzt man sich erholt und entspannt hin-

Mit der Fährfahrt beginnt der Urlaub – Abfahrt der MS Fantasy.

verschieden Fähren

Ankunft in Bremsnes nach einer Fährfahrt innerhalb Norwegens

Die Fähren der Gesellschaft Color Line sind modern und sicher.

ter das Lenkrad. Kürzere Überfahrten bestehen zwischen Nordjütland in Dänemark und Südnorwegen. Sie sind zwar kostengünstiger, jedoch muss man hier eine weitere Anfahrt in Kauf nehmen. Im Einzelfall entscheidet wohl das Reisebudget über die Wahl der Fährverbindung.

Es stehen folgende Fährverbindungen zur Verfügung:

Reederei: Color Line
Adresse: Color Line GmbH, Postfach 6080, 24121 Kiel, Tel. 04 31/73 00-300, Fax 04 31/73 00-400,
E-Mail: kundendienst@colorline.com,
Internet: www.colorline.de
Passagen: Kiel – Oslo, Hirtshals – Kristiansand, Hirtshals – Larvik

Reederei: Stena Line
Adresse: Stena Line GmbH, Schwedenkai 1, 24103 Kiel, Tel. 018 05/91 66 66 (12 ct/Minute), Fax 04 31/90 92 00,
E-Mail: dialog@stenaline.de,
Internet: www.StenaLine.de
Passagen: Frederikshavn – Oslo, Frederikshavn – Göteborg, Kiel – Göteborg,

Reederei: Fjord Line GmbH
Adresse: Nizzestr. 28, 18311 Ribnitz-Damgarten, Tel. 038 21-709 44 10, Fax 038 21-709 44 11,
E-Mail: buchung@fjordline.de,
Internet: www.FjordLine.de
Passage: Hirthals – Bergen; Hirthals – Stavanger

Campingplätze sind ausreichend vorhanden

Die Campingplatzsituation in Norwegen ist im Allgemeinen sehr gut und mit rund 1.400 Plätzen ist das Angebot auch gut ausreichend. Viele der Campingplätze sind in die Natur eingebettet und haben eine dementsprechend reizvolle Lage. Sie liegen überwiegend am See, am Fluss, an einem Fjord oder im Fjell. Ihre Größe und ihre Ausstattung sowie das Preisniveau differieren durchaus. Die Campingplätze unterliegen einem Klassifikationssystem, sind in fünf Kategorien eingeteilt und können je nach Ausstattung über bis zu fünf Sterne verfügen. Parzellierte und nummerierte Stellplätze, wie auf mittel- und südeuropäischen Plätzen, sind in Norwegen die Ausnahme. Der Campinggast kann sich auf dem Campinggelände selbst einen Platz suchen. Nahezu jeder Campingplatz verfügt über eine Küche und einen Aufenthaltsraum.

Campingplätze haben überwiegend eine naturnahe Lage.

Zu den weiteren Einrichtungen der Campingplätze gehören meist ein Bootsverleih, Spielplätze, ein Kiosk, eine Cafeteria oder ein kleines Restaurant. An der Rezeption erhält man alle wichtigen Informationen auf Englisch oder Deutsch. Jeder Campingplatz verfügt über eine Entsorgungsstation für chemische Toiletten. Für die Reise wird die skandinavische Campingkarte »Camping Card Scandinavia« benötigt. Akzeptiert wird teilweise auch die übliche CCI-Karte. Die Übernachtungspreise sind in Norwegen günstiger als auf den südeuropäischen Campingplätzen. Im Durchschnitt liegt der Übernachtungspreis zwischen 15 und 20 Euro. Vom norwegischen Fremdenverkehrsamt erhält man ein umfassendes Campingverzeichnis, das auch eine Karte enthält. Im Internet findet man viele Infos rund um die norwegischen Campingplätze und die Campingkarte unter www.camping.no oder www.nafcamp.no sowie www.campingnorge.no.

Wildcamping! Bitte nicht!

Obwohl sich der Reisende von Anfang an auf dem norwegischen Campingplatz wohlfühlt, bevorzugen viele Wohnmobilreisende ihren »privaten Stellplatz« im Freien. Es liegt sicherlich in der Natur eines Wohnmobils, das völlig autark ist und so Übernachtungen abseits der Campingplätze ermöglicht. Viele Wohnmobilisten glauben, dass Wildcamping in Norwegen legal ist – vielleicht weil es (noch) nicht bestraft, sondern geduldet wird. Viele Wohnmobilreisende berufen sich auf das Jedermannsrecht, jenes ungeschriebene Recht, das ein Übernachten in der Natur in angemessener Entfernung zu Privatgrundstücken erlaubt. Kaum jemand weiß jedoch, dass das Jedermannsrecht nur nicht motorisierten Urlaubern wie Wanderern oder Radfahrern zusteht. Dem Reisenden ist oft nicht klar, dass in Norwegen die Campingsaison sehr kurz ist und die Campingplatzbetreiber auf die Einnahmen angewiesen sind, damit ein Fortbestand der Campinganlagen gesichert ist. Neben dem ökonomischen Schaden treten durch das Wildcamping auch ökologische Schäden auf. Schließlich sind die Norweger unzufrieden mit dem Wildcamping, was sich bisher noch nicht in der hervorzuhebenden Gastfreundschaft widerspiegelt. Gerade deutsche Touristen sind bei der Bewältigung des Problems Wildcamping gefragt, denn fast jedes zweite Wohnmobil, das in Norwegen unterwegs ist, trägt ein »D-Schild«. Daher sollte es für den Reisemobilisten eine Selbstverständlichkeit sein, dass er einen Campingplatz aufsucht.

Wildcamping nicht erlaubt.

Unterwegs auf norwegischen Straßen – Verkehrsinfrastruktur

Der Blick auf die Karte verrät, dass die verkehrstechnische Erschließung des Landes nur mit hohem Aufwand umzusetzen war. Die Küste ist durch die Fjorde stark zergliedert und vorgelagert sind unzählige Inseln. Darüber hinaus ist Norwegen ein Gebirgsland und im Untergrund stößt man auf festes Gestein wie Granite und Gneise. Asphaltierte Straßen, Brücken, Tunnel und Fähren tragen dazu bei, dass in Norwegen jedes Bergdorf und jedes Inseldorf zu erreichen ist. Zahlreiche Tunnel ersparen das Befahren von Pässen und die Fähren helfen das mühselige Umfahren der Fjorde zu vermeiden. Während man abhängig von der Länge der Überfahrt, der Personenzahl und der Größe des Fahrzeugs für die Fähre bezahlen muss, so sind die Brücken und Tunnel mit wenigen Ausnahmen mautfrei. Die Fähren haben feste Abfahrtzeiten,

Auch im Winter lohnt sich die Reise mit dem Wohnmobil.

Auch im dünn besiedelten Norden des Landes sind die Straßen gut ausgebaut.

über die das sogenannte »Ruteheft« oder der Aushang am Fähranleger informiert. Man fährt auf die Fähre und bezahlt sofort. Die Fahrt über den Fjord kann bei schönem Wetter zu einer wahren Kreuzfahrt werden. Bei schlechtem Wetter und längerer Überfahrt lockt die kleine Cafeteria unter Deck.

Auch für die Straßenbenutzung wird keine Maut erhoben. Ausnahmen bilden die an einer Hand abzählbaren Privatstraßen und die zweispurig ausgebauten Schnellstraßen rund um Oslo, Bergen und Trondheim. Autobahnen, wie man sie in Mitteleuropa kennt, gibt es in Norwegen nur auf wenigen Kilometern. Überwiegend fährt der Reisende auf gut ausgebauten einspurigen Straßen. An den wichtigen Verkehrsverbindungen wie z. B. der E6, E18 oder E39 findet man ausreichend Gelegenheiten, Rast zu machen. Gerast wird auf den Straßen nicht und die Norweger zeigen stets eine Engelsgeduld, wenn vor ihnen ein Wohnmobil mit 80 Stundenkilometern fährt. Dennoch sollte man ab und zu eine Parkbucht anfahren und dem folgenden Verkehr die Möglichkeit zum Überholen bieten. Die Orientierung in Norwegen ist dank der guten Beschilderung problemlos möglich und an den Kreuzungen stößt man überwiegend auf Kreisverkehre, sodass man bei Unsicherheit über die weitere Route einfach eine Ehrenrunde drehen kann.

Schließlich sollte man noch darauf hinweisen, dass auch einige Straßen zu den Attraktionen des Landes gehören, und so locken interessante Straßenabschnitte wie der Peer-Gynt-Weg, der durch eine herrliche Fjelllandschaft führt, die Atlantikstraße entlang der grandiosen Küste oder der steile Trollstiegen mit seinen engen Haarnadelkurven.

Gut ausgerüstet nach Norwegen

Die Reise mit dem Wohnmobil bietet u. a. den Vorteil des fast unbegrenzten Stauraumes, sodass man viele Dinge mitnehmen kann, die sonst nicht in den Reisekoffer passen. Dennoch sollte man vor Reiseantritt gut überlegen, was man tatsächlich mitnehmen muss. Vielfach werden die Staufächer mit Lebensmitteln und Getränken gefüllt. Das liegt am Image des Landes, ein teures Reiseland zu sein. Aber wenn man das Land in seiner Gesamtheit kennenlernen will, sollte man sich auch mit dem Warenangebot befassen und typische Produkte (u. a. Fischprodukte, Meeresfrüchte, Rentier- und Elchspezialitäten, bestimmte Brotsorten) probieren.

Für die vielfältigen Urlaubsaktivitäten sollte man ebenfalls gut gerüstet sein. Wanderbekleidung oder auch eine Angelausrüstung werden mit Sicherheit zum Einsatz kommen. An der Küste kann ohne Angelschein gefischt werden, an den Lachsflüssen und den Seen dagegen wird ein Angelschein benötigt. Bei der Vielzahl der Gewässer lohnt es sich, ein Schlauchboot oder ein Kanu mitzunehmen. Und mit einem Mountainbike kann man vom Campingplatz aus Ausflüge in die nähere Umgebung unternehmen.

Erfahrungsgemäß steht am Abend die Auseinandersetzung mit der nächsten Etappe auf dem Programm. Hierfür sind die richtige Reiseliteratur und das entsprechende Kartenwerk wichtig. Die Buchhandlungen sind mit allgemeinen Reiseführern und Bildbänden über Norwegen gut ausgestattet. Kartenmaterial kauft man besser vor Ort an den Tankstellen. Hier lohnt es sich, einen vergleichsweise günstigen Skandinavienatlas zu kaufen.

Im Vorfeld der Reise sollte man sich mit dem norwegischen Fremdenverkehrsamt, das den modernen Namen »Innovation Norwegen« trägt, in Verbindung setzen (Adresse siehe »Reiseinfo von A bis Z« ab Seite 136). Hier erhält man zu den norwegischen Regionen und zu vielen Themen hilfreiches Infomaterial. Auch in Norwegen verfügt nahezu jeder Ort über eine Touristeninformation, die gerne über Campingplätze, Sehenswürdigkeiten, Aktivitäten und Veranstaltungen informiert. Auch im Schadensfall suchen die Mitarbeiter gerne die nächste Werkstatt heraus oder sie helfen bei der Arztsuche.

Wer englisch spricht, hat in Norwegen keine Kommunikationsprobleme und vielfach wird auch deutsch gesprochen. Es ist jedoch eine Sache der Höflichkeit, einige Wörter Norwegisch sprechen zu können. Mit jedem Gruß und Dank auf Norwegisch kann man dem Norweger bzw. der Norwegerin ein noch freundlicheres Lächeln entlocken.

Wanderschuhe finden immer Platz

Unbestritten ist das Naturerlebnis das Hauptreisemotiv zahlreicher Norwegenurlauber und wer auf langen Etappen seine Zeit hinter dem Lenkrad seines Wohnmobils verbringt, freut sich über eine sportliche Abwechslung im Freien.

Ob ambitioniert oder einfach genussvoll – Norwegen hat für jeden Reisenden eine passende Wanderroute parat. Der norwegische Wanderverein bietet Hütten als Übernachtungsmöglichkeit auf mehrtägigen

Meeresblick gibt es fast auf jeder Pause inklusive.

Touristinfo
→ Werkstatt
→ Arzt

Es gibt viel gemeinsam zu entdecken in Norwegen.

Pause am Wasser

Wanderungen an. Diese stehen auch Nichtmitgliedern zur Verfügung. Wer jedoch sein Zelt mitnimmt, kann dies in der freien Natur aufstellen, denn dies erlaubt ihm das Jedermannsrecht. Der Wanderer muss jedoch die Grundsätze »Nicht stören und nicht zerstören« beachten, was für echte Naturliebhaber selbstverständlich ist.

Zu den schönsten Landschaften des Landes gehören die Hochflächen, die sogenannten Fjelle. Sie sind optimale Wandergebiete, da sich das überwiegend flache Gebiet auf einem Höhenniveau erstreckt und ein atemberaubendes Gefühl von Weite vermittelt. Bei klarer Sicht sind die Ausblicke grandios. Die Hardangervidda ist eine der vielen Fjelle. Sie ist mit einer Fläche von rund 7.400 km² die größte Hochfläche Europas. Rund die Hälfte der Fläche wurde als Nationalpark eingerichtet. Dieses große baumlose Gebiet, in dem sich unzählige Seen befinden, beeindruckt den Wanderer mit einer einzigartigen Flora. Man stößt auf große Flächen Rentierflechte, unzählige Zwergbirken, Sträucher und Gräser, unter denen das Wollgras typisch ist. Mit viel Glück kann der Wanderer auch Rentiere sehen, denn die Hardangervidda ist deren südlichstes Verbreitungsgebiet. Sonst ist das Tier überwiegend in den nördlichen Landesteilen zu Hause.

Neben der reizvollen Tier- und Pflanzenwelt und der Weite gehört die Stille zu einem unvergesslichen Erlebnis, das man aufgrund der großen Flächen der Fjelle und des damit verbundenen Verteilens der Besucher in aller Ruhe genießen kann. Von den Straßen, die die Hardangervidda umgeben, erreicht man viele Wanderhütten, von denen aus man mehrstündige und mehrtägige Wanderungen unternehmen kann. Aber auch in den 18 weiteren Nationalparks lohnen sich die Wanderungen auf den markierten Wegen. Auch bei der Information des Campingplatzes sollte man sich über die nächsten Wandermöglichkeiten erkundigen, so kann man bereits am Campingplatz seine lohnenswerte Wanderung beginnen.

Wer sich zu einer Wanderung entschließt, egal ob sie nur wenige Stunden oder sogar einige Tage dauert, sollte einige wichtige Hinweise beachten:

- Grundsätzlich sollte der Wanderer über eine angemessene gute körperliche Verfassung verfügen.
- Er muss, insbesondere bei längeren Wanderungen, eine Wanderkarte und auch einen Kompass mitführen. Auch ein Hand-GPS kann hilfreich sein.

Vor einer Wanderung im Saltfjellet-Svartisen Nationalpark sollte man sich ausreichend informieren.

- Die Wanderschuhe müssen robust sein und das obere Sprunggelenk fest umschließen, da man überwiegend auf steinigen, unebenen Flächen läuft.
- Die Kleidung sollte auch warme Sachen und Regenkleidung umfassen, da sich das Wetter im Fjell sehr schnell ändert.
- Ausreichender Proviant empfiehlt sich nicht nur, weil das Picknick im Fjell ein ganz besonderes Erlebnis ist, sondern damit auch verloren gegangene Energien schnell wieder aufgefüllt werden können.
- Wer über ein Handy verfügt, sollte dies mitführen, damit im Falle eines Unfalls Hilfe gerufen werden kann.

Nähere Informationen u. a. zum Thema Wandern in Norwegen erhält man vom norwegischen Fremdenverkehrsamt in Hamburg oder direkt vom norwegischen Wanderverein DNT (Den Norske Turistforeningen).

Adresse: DNT, Youngstorget 1,
N–0181 Oslo,
Tel. 00 47/40 00 18 68,
E-Mail: info@turistforeningen.no
Internet: www.turistforeningen.no

Wanderkarten

Den richtigen Reiseführer an Bord

Einen guten »Wegbegleiter« halten Sie in Ihren Händen (bereits in zweiter Auflage). Dieser Reiseführer stellt dem Wohnmobilreisenden die reizvollsten Routen des Landes vor und gibt praktische wie auch landeskundliche Informationen und Geheimtipps. Ausführliche Reiseliteratur zu allgemeinen

Tosende Wasserfälle wie der Laksfossen sind beliebte Ziele.

Hier am Saltfjell trifft der Polarkreis auf die E6. Vom Polarkreiszentrum sind es noch 3.330 Kilometer bis zum Nordpol.

Themen des Landes erhalten Sie im Buchhandel.

Zu den verlässlichen Reiseführern gehören die Baedeker-Reiseführer im praktischen Taschenformat. Sehr übersichtlich sind die herausnehmbare Karte im Maßstab 1:800.000 und die kleinen Übersichtskarten im Innenteil. Auf 420 Seiten erfährt der Interessierte viel über die Attraktionen des Landes. Themen wie Geschichte, Persönlichkeiten, Kunst und Kultur kommen ebenso nicht zu kurz wie Reisehinweise. Auch ein kleiner Sprachführer ist zu finden. Verlag Karl Baedeker: »Norwegen«, ISBN 3-8297-1065-8.

Bekannt für die Fülle an Informationen sind die Reiseführer aus dem Michael Müller Verlag. Auf stolzen 640 Seiten stellt der Autor Hans Peter Koch dem Urlauber nahezu alles vor, was in Norwegen sehenswert ist. Vor Ort sind die vielen Adressen und Unterkünfte sehr hilfreich und über die Wandertipps werden sich sicherlich die Aktivurlauber sehr freuen. Michael Müller Verlag: »Norwegen«, ISBN 3-89953-298-8.

Wer seine Vorfreude auf den kommenden Norwegenurlaub noch steigern möchte, sollte sich einen Bildband vornehmen. Besonders empfehlenswert ist der 160 Seiten starke Bildband aus dem Bucher Verlag. Er bietet ein ausgewogenes Verhältnis von Text und Bild. Zu vielen interessanten Themen findet man hier ansprechende Texte und wirklich eindrucksvolle Bilder. Bucher Verlag: »Norwegen«, ISBN 3-7658-1290-0.

Wer den Bildband aus dem Bruckmann Verlag zur Hand nimmt, wird nicht merken, wie schnell die Stunden verfliegen, und den Reisebeginn herbeisehnen. Durch grandiose Bilder und informative Texte werden dem Leser die vielen Facetten des Königreiches nahegebracht. Nachdem man viel über die Geschichte, den Alltag der Norweger, die Stabkirchen oder den Walfang gelesen hat, tritt der Leser eine fesselnde »Reise« von Oslo bis in den Norden des Landes an. Besonders pfiffig ist der kleine herausnehmbare »Reisebegleiter« mit der Beschreibung der Hauptattraktionen, Reisehinweisen und einem kleinen Sprachführer. Bruckmann Verlag: »Norwegen«, ISBN 3-7654-3618-6.

Folgende Doppelseite: Abseits der Hauptroute wird es oft einsam (Straße in Jotunheimen)

Rechts: Trolle sind bei Groß und Klein beliebt.

» INFOS FÜR DEN REISEMOBILIST

Entfernungen

Die genannten Kilometerangaben geben nur bedingt Auskunft über die mögliche Dauer, denn Steigungen, Sehenswürdigkeiten und landschaftliche Attraktionen verlängern die Fahrzeit.

Karten

Vernünftiges Kartenmaterial ist bei der Reise in Norwegen sehr wichtig. Es empfiehlt sich die für die Reiseregion benötigte Karte (Kümmerly + Frey Nr. 1–5 bzw. Cappelen kart 1–5 im Maßstab 1:335.000) zu kaufen. Sollte man jedoch vorhaben, z. B. bis zum Nordkap zu fahren oder auch anderen skandinavischen Ländern einen Besuch abzustatten, so empfiehlt es sich, den Autoatlas »Norden« zu kaufen. Er ist erhältlich an den Tankstellen von Statoil und Shell sowie in Buchhandlungen.

Verkehrsbestimmungen

Es muss auch am Tag mit Abblendlicht gefahren werden. Die Promillegrenze liegt bei 0,2 und Elchwarnschilder und Bremsspuren müssen ernst genommen werden. Bei einem Notfall erreicht man unter Tel. 112 die Polizei. Der Reisemobilist sollte sich auch an die Geschwindigkeitsbegrenzungen halten. Natürlich gilt in Norwegen die Anschnallpflicht.

Straßen und Maut

Die Straßen in Norwegen sind asphaltiert und in einem tadellosen Zustand. Nur vereinzelt stößt man auf mautpflichtige Privatstraßen mit einer Schotterdecke. Tunnel und Brücken sind zahlreich und vielfach geht es auch mit der Fähre weiter über den Fjord. Bezahlt wird hierbei direkt auf dem Schiff (Info: www.rutebok.no und www.reiseinfo.no). Die wenigen Mautstationen sind durch das blaue Schild »Bomstasjon Toll plaza« ausgeschildert. An der Bezahlstation kann man an dem Automaten (Fahrspur mit »Mynt« und »Coin« ausgeschildert) mit abgezählten norwegischen Kronen bezahlen. Fahrzeuge mit einem Gesamtgewicht von über 3,5 t müssen die Fahrspur »Manuell« benutzen, dann wird an einem besetzten Kassenhäuschen bezahlt. Die Gebühr an den Haupt-Mautstraßen beträgt zwischen 15 und 30 norwegischen Kronen. In Oslo und Bergen sowie vor einigen Tunneln wird die Maut automatisch per Kamera erfasst. Der Halter des Fahrzeugs wird ermittelt und eine Rechnung nach Deutschland geschickt. Die Maut kann u.U. auch an der nächsten Tankstelle entrichtet werden. Nähere Infos unter www.autopass.no.

Parkplätze

In den Städten und an den Einkaufszentren außerhalb der Städte stehen ausreichend Parkplätze zu Verfügung, die überwiegend kostenfrei sind. Mit großen Wohnmobilen sollte man sich jedoch nicht auf die nervige Suche nach einem Parkplatz im Stadtzentrum machen, sondern die ausgeschilderten größeren Parkplätze ansteuern.

Rastplätze

Der Reisemobilist wird auf seiner Entdeckungsreise keine Probleme haben, den geeigneten Rastplatz zu finden. An den größeren Straßen sind schöne Rastplätze mit Bänken und Tischen sowie Toiletten und Informationstafeln vorhanden. Manche Rastplätze bieten auch Bademöglichkeiten. Wer selbst einen lauschigen Pausenplatz sucht, sollte den Abstand zu Privatgrundstücken wahren.

» DIE ROUTEN

1 VON OSLO DURCH DAS FJORDLAND

Die Vielseitigkeit der Landschaften entdecken

Start- und Endpunkt: Oslo **Strecken:** E 6, E 136, Rv 63, Rv 650, E 136, E 39, Rv 15, Rv 724, Rv 60, Rv 15, Rv 248, Rv 55, E 16, Rv 580, E 39, Rv 7 **Beste Jahreszeit:** Mai–September **Streckenlänge:** ca. 1.900 km

Unvergessliche Naturerlebnisse und attraktive Städte erwarten Sie auf dieser Rundtour im Westen von Oslo. Ob im Wohnmobil, auf einer Fähre oder bei einer Wanderung – im Land der Fjorde und Gletscher kommt ein jeder auf seine Kosten. Der Geiranger-, Nærøy- oder Hardangerfjord und die spannenden Städte Oslo, Ålesund sowie Lillehammer lassen Sie von dieser 14-tägigen Tour noch lange träumen!

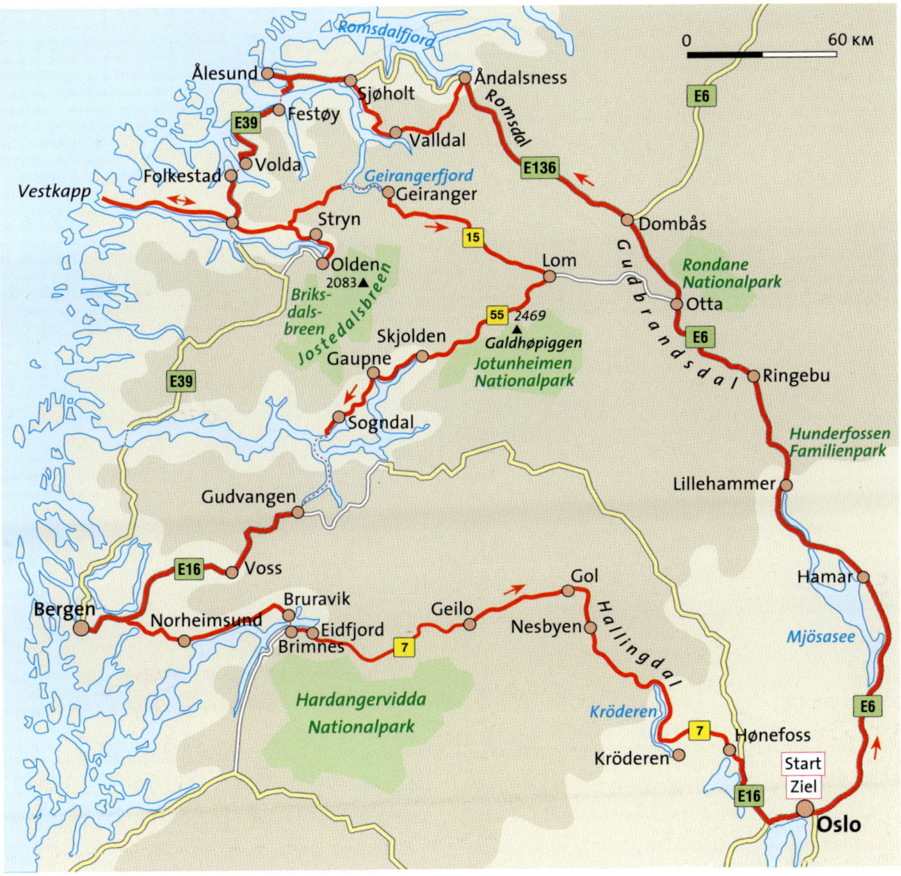

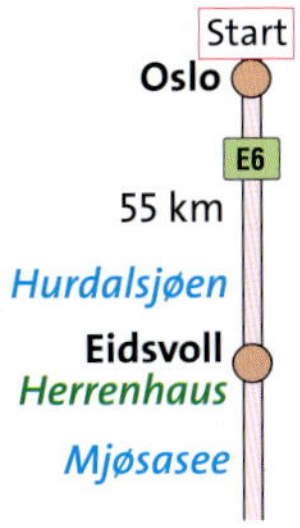

Wir beginnen unsere Tour in der schönen Hauptstadt **Oslo**. Die lebendige Metropole wird ausführlich im Rahmen der Tour 3 »Rund um den Oslofjord« vorgestellt. Wir verlassen Oslo durch einige Tunnel über die Europastraße 6 in nördliche Richtung. Was man hier erlebt, können wir erst einmal nur schwer mit unseren Vorstellungen von norwegischen Straßen verbinden, denn man fährt auf einer dreispurigen Autobahn und je nach Tageszeit ist das Verkehrsaufkommen hoch. Nach rund zehn Kilometern wird die Straße dann zweispurig und ab der Höhe **Gardermoen** (Flughafen!) fühlen wir uns auf der einspurigen Landstraße allmählich wie auf norwegischem Boden. Auf der rechten Seite am See **Hurdalsjøen** befindet sich ein lohnenswerter Rastplatz mit einer herrlichen Aussicht über den See. Nach wenigen Kilometern gelangen wir zur geschichtsträchtigen Stadt **Eidsvoll** (55 Kilometer nördlich von Oslo), deren Verfassungsgebäude in jedem Fall einen Besuch wert ist (siehe Kasten).

» SEHENSWERT

Herrenhaus in Eidsvoll

Eines der bedeutendsten Bauwerke mit einem historischen Hintergrund ist das **Herrenhaus in Eidsvoll**. Seit 2005, dem Jahr der 100-jährigen Unabhängigkeit, befindet sich in dem Besucherzentrum ein norwegisches Zentrum für Verfassungsgeschichte. Im weißen Herrenhaus traf sich am 17. Mai 1814, dem heutigen Nationalfeiertag, der norwegische Vizekönig Prinz Christian Friedrich von Dänemark mit Repräsentanten des Landes, um die erste norwegische Verfassung zu verabschieden. Dieses »Eidsvollbygningen«, das norwegische Nationalmonument, kann besichtigt werden. Ein großer Parkplatz ist vorhanden. Info: Tel. 63 92 22 10, www.eidsvoll1814.museum.no.

Linke Seite: Das Rathaus prägt die Stadtsilhouette von Oslo.

Der Mjøsasee ist der längste See des Landes.

Zurück geht es zur E6 und dann in nördliche Richtung. Man fährt hier einige Kilometer am lang gezogenen **Mjøsasee** entlang. Er ist mit rund 100 Kilometern der längste See des Landes und mit viel Glück sieht man den »Skibladner« den ältesten Raddampfer der Welt, der noch in Betrieb ist. Er lief 1856 vom Stapel und steuert in den Sommermonaten die Anleger der Städte **Eidsvoll**, **Gjøvik, Hamar** und **Lillehammer** an. Wer mit dem Raddampfer eine Fahrt unternimmt, wird über die Speisekarte verwundert sein, denn hier wird Lachs mit Erdbeeren serviert (Info: Tel. 61 14 40 80, www.skibladner.no).

Von Hamar nach Lillehammer

Wir erreichen mit dem Wohnmobil zunächst **Hamar**, jene Stadt, die 1994 zu den Olympiasportstätten gehörte. Bereits von der Straße sieht man ein Bauwerk, das sicherlich zu den Interessantesten weltweit gehört. Es ist die Wikingerschiffshalle »Vikingskipet« in der Form eines umgedrehten Wikingerschiffes. Außen wie innen beeindruckt diese besondere Sporthalle und sollte auf jeden Fall besichtigt werden. Mit 22.000 m^2 ist die freie Dachkonstruktion die größte der Welt. Ein Jahr nach der Olympiade wurde die Halle jedoch von den Wassermassen des **Mjøsasees** überflutet, was eine umfangreiche Renovierung erforderlich machte. Rund um die Halle stehen ausreichend Parkplätze zur Verfügung und ein kleiner Aussichtsturm bietet einen besonderen Blick auf das einzigartige Bauwerk.

Sicherlich ist die Olympiahalle das Aushängeschild der Hauptstadt der Provinz **Hedmark**. Allerdings lohnt sich auch ein Besuch des Freilichtmuseums Hedmark mit rund 50 Gebäuden, die aus der Region stammen. Eisenbahnfreunde kommen im Eisenbahnmuseum auf ihre Kosten und wer sich für die Auswanderungswelle der Norweger, die es nach Amerika zog, interessiert, sollte sich im Auswanderermuseum (Utvandrermuseet) umsehen.

Man verlässt Hamar und fährt weiter durch eines der landwirtschaftlich sehr produktiven Gebiete des Landes. Große flachwellige Ackerflächen und landwirtschaftliche Betriebe bestimmen das Bild. Eine Brücke führt über den **Mjøsasee**, die Straße wechselt nun die Uferseite. Direkt hinter der Brücke lädt ein Rastplatz zu einer Pause ein. Jetzt verläuft die Straße noch circa 30 Kilometer entlang des Sees. Den nächsten Pausenplatz sollte man auf jeden Fall ansteuern. Hier erinnert ein überdimensionales Schild an die Winterolympiade 1994. Der Blick auf **Lillehammer** und die oberhalb liegenden Skischanzen ist lohnenswert und die Vorfreude auf den Stadtbesuch wird gesteigert. Wer baden möchte, kann hier ins Wasser springen – Vorsicht: kalt!

Nach einer weiteren Brücke erreicht man **Lillehammer**. Hier kann man in Richtung Stadtzentrum fahren oder zum unterhalb liegenden Einkaufszentrum »Strandtorget«. Von der E6 abfahren sollte man auf jeden Fall, denn Lillehammer gehört nicht nur zu den bekanntesten, sondern auch zu den schönsten und lebendigsten Städten des Landes.

Die Olympiametropole Lillehammer

Die Provinzhauptstadt von Oppland war bei Norwegenreisenden immer beliebt. Rund 23.000 Bürger leben gerne in der Stadt, die mit der Nähe zum Mjøsasee, am Eingang des **Gudbrandsdal**, und mit den vielen Wintersportmöglichkeiten eine hohe Lebensqualität aufweist. Die Altstadt ist adrett und gepflegt, und jeder Besucher wird sie auf Anhieb in sein Herz schließen. Die Ernennung im Jahre 1988 zur Olympiastadt 1994 änderte das städtische Leben in Lillehammer schlagartig. Es standen viele Aufgaben an, die zu bewältigen waren. Der deutschstämmige Wolfgang Müller rief die Olympiaidee ins Leben und war maßgeblich an ihrer Realisierung beteiligt. Die Messlatte für die anstehenden Olympischen Winterspiele lag hoch und zurückblickend wissen wir, es waren »the best wintergames ever«.

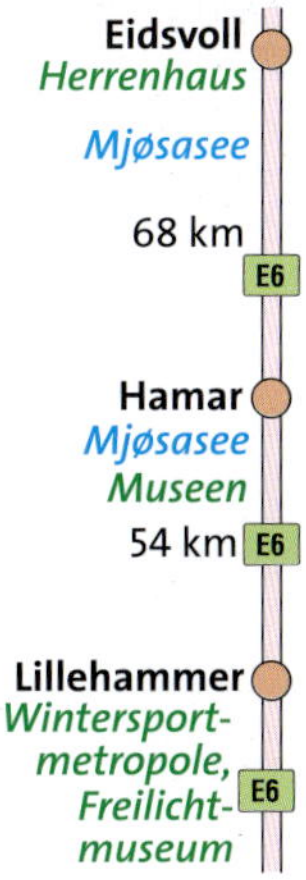

Die Wikingerschiffshalle in Hamar

Die lebendige Innenstadt von Lillehammer

Wer in Lillehammer über die verkehrsberuhigte Haupteinkaufsstraße »Storgata« vorbei an den schönen farbenfrohen Holzhäusern und netten Geschäften sowie den einladenden Straßencafés schlendert, wird sich fragen, ob er tatsächlich durch eine Olympiametropole geht. Trotz der vielen Gäste wirkt alles so friedlich und provinziell – um nicht zu sagen: idyllisch.

Nach dem Stadtbummel locken die Relikte der Winterspiele zu einem Besuch. Oben an der Schanzenanlage **Lygårdbakkene** haben wir einen herrlichen Ausblick auf die Stadt und den **Mjøsasee**. In guter Erinnerung bleiben auch die Skispringer, die im Sommer hier trainieren. Die große Schanze hat eine Höhe von 120 Metern und die »kleine« Skischanze ist 90 Meter hoch. In der Nähe befindet sich

Das Freilichtmuseum Maihaugen ist ein Muss.

Einsamkeit und Weitblick – der Peer-Gynt-Weg

das **Birkebeiner-Skistadion**, in dem die Skilangläufer ankamen. Im Sommer kann man auf den Wegen ausgedehnte Wanderungen unternehmen. Hat man erst mal Olympialuft geschnuppert, zieht es den Interessierten in die moderne **Håkon Halle**, in der die Besucher mit den Eishockey-Spielern mitfieberten. Seit 1998 informiert hier das Olympische Museum über die Olympischen Sommer- und Winterspiele seit 1896.

Nicht versäumen sollte man den Besuch im Freilichtmuseum Maihaugen, einem der schönsten Museen Skandinaviens (siehe Kasten).

Auf den Spuren des Lügenbarons Peer Gynt

Zufrieden über den schönen Stadtbesuch in der Olympiametropole treten wir unsere Weiterfahrt auf der Europastraße 6 an. Wer nun abseits der **E6** durch ein schönes Fjell fahren möchte, sollte kurz vor **Fåberg** auf die Straße 255 abbiegen und gelangt so nach 24 Kilometern auf den **Peer-Gynt-Weg**. Diese ausgeschilderte und mautpflichtige Straße (Bezahlautomat) trägt den Namen des »Lügenbarons Peer Gynt«, der hier in der Nähe lebte. Henrik Ibsen schrieb ein Drama das Peer Gynts Na-

» KULTURTIPP

Freilichtmuseum Maihaugen

Das Freilichtmuseum Maihaugen mit vielen interessanten Gebäuden und einer historischen Ausstellung ist ein Muss für alle Lillehammergäste. Hier stehen fast 200 Gebäude und Hofanlagen aus dem Gudbrandsdal und aus Lillehammer. Die Gebäude stammen zum Großteil aus der Privatsammlung des Zahnarztes Anders Sandvig, man spricht daher auch von den »Sandvigschen Sammlungen«. Neben der Stabkirche zeigt das Freilichtmuseum auch den Priesterhof von Våga, eine alte Schule und weitere sehenswerte Hofgebäude. In die Gebäude gelangt man im Rahmen einer Führung, die auch in deutscher Sprache angeboten wird. Eine besonders spannende Ausstellung ist die beeindruckend realistische Darstellung der skandinavischen Geschichte, die hier mit dem Ende der Eiszeit vor rund 10.000 Jahren beginnt und bis in die Gegenwart führt. Eine Kältekammer mit richtigem Eis lässt uns die Kälte nachempfinden – ein aufregender Gang durch die Geschichte eines der reichsten Länder dieser Erde. Eine andere sehenswerte Ausstellung in Maihaugen zeigt alte Werkstätten wie z. B. Druckereien oder Sattlereien. Zu bewundern ist auch die alte Zahnarztpraxis des Gründers Anders Sandvig.
Info: Tel. 61 28 89 00, www.maihaugen.no

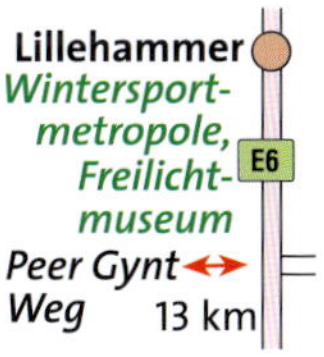

Der Hafen von Åndalsnes

men zum Titel hat. Die Schotterstrecke führt durch eine atemberaubende Hochfläche mit karger Vegetation, rauem Klima selbst im Sommer und herrlicher Fernsicht. Bei guter Sicht kann man auch die Hochgebirgsregion **Jotunheimen** sehen. Unterwegs ist man teilweise auf einem Höhenniveau von rund 1.000 Metern und dann geht's kilometerlang hinunter bis zum **Harpefoss**. Hier sollte man vor der Brücke anhalten und von der Brücke hinunter in den grandiosen Canyon blicken. Über viele Tausend Jahre hat sich der Fluss **Lågen** in das Gestein hineingeschnitten.

Wer lieber von Lillehammer ausgehend auf der E6 bleibt, wird ebenfalls nicht enttäuscht. Das **Gudbrandsdal** ist ein erstklassiges Alternativprogramm.

Käsespezialitäten aus dem Gudbrandsdal

Dieses Tal gehört mit einer Länge von rund 200 Kilometern zu den größten Tälern des Landes. Es beginnt bei **Bjorli**, in der Nähe des Sees **Lesjaskogvatnet** (im Norden), auf einer Höhe von rund 600 Metern und endet nach 203 Kilometern am nördlichen Ende des großen **Mjøsasees**, 490 Meter niedriger, etwas nördlich von Lillehammer. Das Gudbrandsdal hat eine breite Talsohle, eine sogenannte U-Form und wird vom Fluss Lågen durchzogen, der 1995 über seine Ufer getreten war und in vielen Ortschaften des Tales zahlreiche Häuser mit sich gerissen hatte.

Wie nur in sehr wenigen Gebieten Norwegens wird hier sehr intensiv und seit Langem Landwirtschaft betrieben. So ist ein bekanntes Produkt aus dem Gudbrandsdal in ganz Skandinavien in »aller Munde«. Es sind die zahlreichen Käsespezialitäten wie der etwas streng riechende und intensiv schmeckende, braune Ziegenkäse »Geitost«.

Auftanken in Otta

Erster Programmpunkt nach Lillehammer wird für reisende Familien wohl der **»Hunderfossen Familienpark«** (13 Kilometer) sein. Ein Freizeitpark mit vielen Fahrgeräten und einer Besonderheit, dem 14 Meter hohen größten Troll der Welt. In der Nähe befindet sich an der E6 auch ein weiterer Anziehungspunkt für Familien, das Miniaturland **»Lilliputhammer«**.

Die E6 führt hier am Fluss **Lågen** vorbei, der teilweise aufgestaut ist und zur Stromgewinnung genutzt wird. Immer wieder passiert man auf ebenen Flächen Campingplätze.

Die Europastraße 6 führt weiter entlang des Flusses, der im mittleren Bereich eine breite und seeähnliche Erscheinung hat. Sie leitet den Urlauber in nördliche Richtung, vorbei an zahlreichen Sehenswürdigkeiten. Etwas südlich von Ringebu biegen wir rechts ab und fahren die Straße hinauf zur Stabkirche (großer Parkplatz!). Die Stabkirche Ringebu ist eine von lediglich 29 verbliebenen Stabkirchen, und so sollte man an diesem hölzernen Gotteshaus mit dem markanten rotbraunen Turm nicht vorbeifahren.

Nach rund 55 Kilometern erreicht man den Ort **Otta**. Hier kann man im wahrsten Sinne des Wortes auftanken. Otta ist ein Handelszentrum und verfügt über Tankstellen, Werkstätten und viele Geschäfte. Es ist aber auch ein Fremdenverkehrsort, denn nördlich von Otta liegt der **Rondane Nationalpark**. Als erste Region Norwegens wurde das ausgedehnte Fjellgebiet Rondane 1962 unter Naturschutz gestellt. Im Sommer zieht es die Wanderer in die karge Hochfläche, im Winter kommen die Wintersportler auf den Pisten und Loipen rund um Otta auf ihre Kosten. Von Otta kann man auch Ausflüge in das schöne Tal Ottadalen machen. Hier lohnt sich der Besuch der Stabkirche in **Vågåmo**, die um 1150 erbaut wurde.

Schroffe Berge und tiefe Schluchten im Romsdal

Weiter geht es auf der E6 in nördliche Richtung. Nach dem kleinen Ort **Sandbakken** begeistert eine Schlucht mit tosenden Stromschnellen. Mit **Dombås** erreichen wir ein wichtiges Versorgungszentrum. Wir folgen nun nicht mehr der E6 (lediglich die Reisenden, die Richtung Trondheim und Nordnorwegen weiterreisen möchten, biegen hier ab), sondern fahren auf der Straße 136 weiter. Ab Dombås ändert sich der Verlauf des Gudbrandsdals und es geht in nordwestliche Richtung weiter. Wenige Kilometer nach dem kleinen Ort **Bjorli** verlassen wir nicht nur das Gudbrandsdal, sondern auch die Provinz **Oppland**. Wir verabschieden uns vom norwegischen Landesteil Ostnorwegen und gelangen in die Provinz **Møre og Romsdal**. Nun durchfährt man das landschaftlich spektakuläre Tal **Romsdal**, das später in den **Romsdalfjord** übergeht.

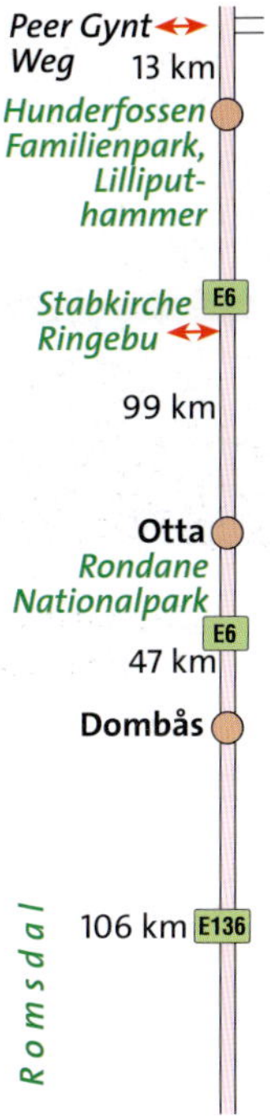

Im Hunderfossen Familienpark steht der größte Troll der Welt.

Der wildromantische Fluss Rauma

Die rund 50 Kilometer bis zur Stadt **Åndalsnes** und somit zum Meer sollte man genießen, denn das schmale Tal begeistert mit steilen, schroffen Bergen. Das enge Tal durch-

Es wird eng im Romsdal.

» STADTBUMMEL

Åndalsnes
Die Stadt Åndalsnes hat eine grandiose Lage und bietet einen Stellplatz am Bahnhof. Im Hinterland überragt ein spektakuläres Gebirge die Stadt und vor den Stadttoren mündet der kleine Istfjord in den großen Romsdalfjord. Hier fließt auch der Fluss Rauma in das Meer. Rund 3.000 Einwohner zählt die Stadt, deren Wirtschaft auf der Produktion von Möbeln und Textilien basiert. Seit den 1970er-Jahren werden hier Bohrinseln gebaut. Am Hafen kann man auf den Bänken Platz nehmen und den Blick über den Fjord genießen. Vielleicht sieht man dann auch ein Kreuzfahrtschiff. Vermehrt steuern diese Luxusliner den kleinen Ort an, da für deren Passagiere ein Landausflug zum legendären Trollstigen attraktiv ist.
www.visitandalsnes.com

fließt der **Rauma**. Stromschnellen, Schluchten und etwas breitere, seeähnliche Abschnitte prägen das Landschaftsbild. Zu den landschaftlichen Attraktionen gehören der Wasserfall **Slettafossen** und die Felswand **Trollveggen**. Letztere gehört zu den grandiosen Abschnitten im Romstal. Hier stehen rund 1.000 Meter hohe und lotrechte Massive, die mit dieser Höhe in Europa einzigartig sind. Vom benachbarten Parkplatz mit Touristeninformation kann man in Ruhe diese Superlative beobachten, bevor man dann den Endspurt nach Åndalsnes am Romsdalfjord antritt. Willkommen am ersten Fjord auf der Route!

Trollstigen – Spannung ist garantiert

Wie die Kreuzfahrttouristen, so lockt der atemberaubende **Trollstigen** auch uns Wohnmobilreisende. Während die Passagiere mit den Ausflugsbussen die spektakuläre Straße auf und ab fahren, führt die weitere Strecke (Reichsstraße 63) die Wohnmobilfahrer zunächst durch das Tal **Isterdalen** zum Trollstigen und dann hinauf. Das wildromantische Isterdalen ist durch den berühmten Trollstigen und den anschließenden Trollstigveien bekannt geworden. Der Trollstigen ist jene Straße, die zu den schwierigsten und spannendsten Verkehrswegen Skandinaviens gehört, aber durchaus von Wohnmobilen zu befahren ist. Allerdings muss der entgegenkommende Verkehr gut beobachtet und entsprechend in den Ausweichbuchten gehalten werden. Hier sind nicht nur Pkw und Wohnmobile unterwegs, sondern auch große Reisebusse. An dieser abenteuerlichen Straße baute man 20 Jahre, bis man sie 1936 endlich eröffnen konnte. Bei einer Steigung von beachtlichen 12 % windet man sich durch elf enge Haarnadelkurven hinauf auf eine Höhe von 852 Metern. Besonders die Beifahrer haben hier stets den Abgrund und das schöne Tal vor Augen. Die abenteuerliche Straße führt vorbei an einem gigantischen Wasserfall. Östlich des Trollstigen thront der markante Berg **Trolltindane** (1.788 Meter). Nachdem man die engen Haarnadelkurven und den Gegenverkehr geschafft hat, kann man oberhalb des Trollstigens verschnaufen. Hier stehen ausreichend Parkplätze zur Verfügung und moderne Aussichtsplattformen bieten beste Ausblicke. Die vielen Souvenirgeschäfte weisen unmissverständlich darauf hin, dass der Trollstigen nicht nur eine waghalsige Verbindungsstraße ist, sondern

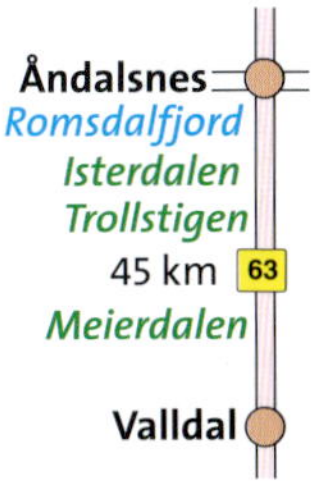

Der abenteuerliche Trollstigen

Der Blick vom Hausberg Aksla auf Ålesund ist fantastisch.

auch ein beliebter Touristenmagnet. Der Blick hinunter ins Isterdal und auf die Straße mit den vielen rangierenden Fahrzeugen ist grandios.

Leckere Erdbeeren auf dem Weg nach Ålesund

Weiter geht die Fahrt dann über den **Trollstigveien** und anschließend durch das **Meierdalen**, umgeben von einer schroffen Bergwelt. Teilweise liegt hier selbst in den Sommermonaten noch Schnee. Im weiteren Verlauf gelangt man an die Schlucht **Gudbrandsjuvet**. Hier hat sich der tosende Fluss tief in den Fels eingeschnitten. Bemerkenswert ist, dass die Brücke **Gudbrands Bro** bereits 1919 errichtet wurde.

Die weitere Strecke führt durch das idyllische Tal **Valldal**. Im Sommer bieten am Rand der weiten Erdbeerfelder zahlreiche Stände die süßen Früchte an – einige sogar mit Selbstbedienung. Na dann, guten Appetit! Ein Stellplatz befindet sich bei Langdal.

Die bis hierhin sehr abenteuerliche Reichsstraße 63 endet in dem kleinen Ort **Valldal** am **Norddalsfjord**. Am Hafen finden wir einen schönen Pausenplatz mit Bänken und ein Informationszentrum. Hier kann man sich an der Aussicht über den Norddalsfjord erfreuen und mit der weiteren Route befassen, die uns nun nach **Ålesund** führen soll. Die Reichsstraße 650 verläuft oberhalb des Fjordes, führt durch einige Tunnel und bietet auch Parkplätze mit herrlicher Aussicht. Nach 14 Kilometern führt die Straße durch das Inland bis man beim Ort **Stordal** wieder die »Küste« erreicht. Vor einem liegt der Ort Stordal, am großen **Fjord Storfjorden**. Hier steht die Rosenkirche, die 1789 erbaut wurde und im Inneren durchgängig bemalt ist.

Es folgt ein schöner küstennaher Streckenabschnitt wiederum mit Tunneln und Parkplätzen mit herrlichen Fjordblicken. In **Sjøholt** erreicht man die Straße E39/E136, der man dann nach Westen Richtung **Ålesund** (38 Kilometer) folgt. Man fährt hierbei über die große Insel **Oksenøya** und erreicht mit der Stadt Ålesund eine der schönsten Städte des Landes. Am besten parken kann man auf den Parkplätzen am Hafen.

Die Jugendstilstadt Ålesund

Mit der Fischereistadt **Ålesund** besucht der Reisende eine der interessantesten Städte des Landes. Sie blickt auf eine lange Fischfangtradition zurück. Bereits 1864 wurde dort die erste norwegische Fischfangmesse veranstaltet. Schnell entwickelte die Stadt sich zu einem Zentrum des Fischfangs und der Fischverarbeitung. Es ist nicht nur ihre idyllische Lage auf drei Inseln umgeben von den Fjorden **Heissafjord** und **Ellingsøyfjord**, sondern vielmehr das besondere Stadtbild. Die rund 36.000 Einwohner zählende Stadt wurde nach einem Großbrand im Jahr 1904 zu einem Großteil im Jugendstil wiederaufgebaut. Der Norwegenfreund und deutsche Kaiser Wilhelm II. war bei diesem Aufbau behilflich, und so steht so mancher Stadtbesucher fragend vor dem Straßenschild der »Keiser Wilhelmsgate«. Im Stadtzentrum stößt man auf farbenfrohe Häuser mit kleinen Erkern und Türmen sowie Fenstern in Rundbögen und kunstvollen Ornamenten. Die schönsten Häuserzeilen befinden sich am Kanal **Brosundet**. Am Apothekenplatz erinnert das Walfängerdenkmal an die lange Tradition des Walfangs. An vielen Stellen in der Stadt ist die Schifffahrt noch sehr lebendig und es laufen die Hurtigrutenschiffe die schöne Stadt an. Auch Kreuzfahrtschiffe machen gerne in Ålesund fest. Die Vielseitigkeit wird der Besucher sehr deutlich auf der schönen Einkaufsstraße Kongensgate erfahren und mit Interesse einige Sehenswürdigkeiten ansteuern. Im **»Atlanterhavspark«**, dem Atlantik Meerespark, kann man sich eingehend über die Meeresfauna erkundigen, das Jugendstilcenter (Apotekergate 16) widmet sich diesem fröhlichen Baustil und das Ålesund Museum informiert über die Stadtgeschichte. Zum Abschluss sollte man sich die Stadt aus der Vogelperspektive anschauen (siehe Kasten).

Fjordpferde in Nordfjordeid

Wir verlassen die Fischereimetropole über die E136, fahren einige Kilometer wieder zurück und gelangen dann auf die E39 in südliche Richtung, bis nach acht Kilometern der Fähr-anleger in **Solevåg** auftaucht. Rund 15 Minuten benötigt die Fähre, um den gegenüberliegenden Anleger **Festøya** zu erreichen. Die E39 führt uns nun am **Vartdalsfjord** entlang. Hinter dem Ort **Ørsta** kommen wir in **Volda** zum nächsten Fähranleger, der von **Festøya** nur 45 Kilometer entfernt ist. Von hier aus benötigen die Fähren lediglich zehn Minuten, um zum Fähranleger nach **Folkestad** zu gelangen. Von Folkestad führt ein 33 Kilometer langer Streckenabschnitt an vielen Seen vorbei bis zur Stadt **Nordfjordeid** am **Eidsfjorden**, einem Nebenfjord des großen **Nordfjords**.

Die kleine Stadt **Nordfjordeid** ist in Norwegen aufgrund ihrer Pferdezucht sehr bekannt. Hier werden die beliebten Fjordpferde

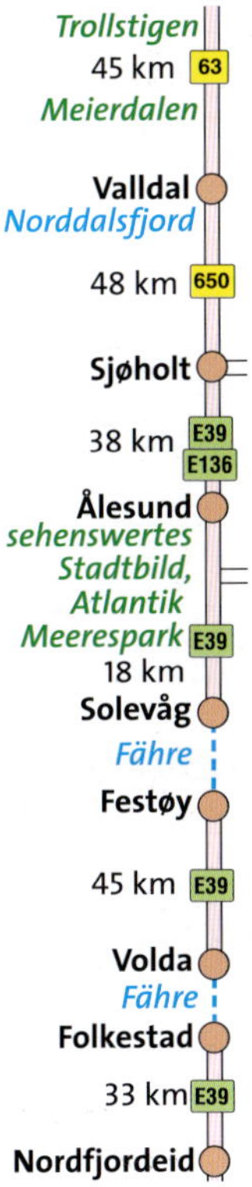

» AUSFLUGSTIPP

Aussicht auf Ålesund

Wer von oben, vom Hausberg Aksla aus, einen Blick auf die Jugendstilstadt wirft, dessen Herz wird höher schlagen. Das liegt zum einen daran, dass er 418 Treppenstufen hinaufgegangen ist, und zum anderen am unvergleichlichen Ausblick auf das Ensemble der malerischen Häuser. In Ruhe kann man hier oben in dem Terrassencafé aus rund 190 Meter Höhe den Blick über die Stadt und die vielen kleinen und großen Inseln genießen. In weiter Ferne sieht man auch die Vogelinsel Runde, die man bei ausreichend Zeit besuchen sollte. Man kann auch mit dem Fahrzeug auf den Aksla hinauffahren, das ist aber mit größeren Fahrzeugen in der Hochsaison nicht zu empfehlen.

Viele Seen sind von den Fjorden kaum zu unterscheiden.

Reisende bauen gerne Steintrolle.

gezüchtet. Die Pferde sind auch das Wahrzeichen der Kommune Eid und die alljährliche Hengstausstellung lockt viele internationale Besucher an. Auch Touristen kommen gerne nach Nordfjordeid und erfreuen sich an den Grünanlagen, dem netten Stadtzentrum mit den weißen Holzhäusern und den Grabhügeln.

Ausflug zum Vestkapp

Wer über ausreichend Zeit verfügt, kann von Nordfjordeid einen lohnenswerten Abstecher zum **Vestkapp** (82 km) unternehmen. Die Strecke führt durch eine grandiose Landschaft. Das Vestkapp befindet sich am westlichen Ende der großen Halbinsel **Stadøya**. Irrtümlicherweise wird das Vestkapp für den westlichsten Punkt des Landes gehalten. Oberhalb der steilen Felsenklippe, die nahezu steil abfällt, ist das Vestkapp-Plateau, genau 496 Meter über dem Meeresspiegel. Herrlich ist die Fernsicht auf die vorgelagerten Inseln und Schären, das Gebirge Hornelen und die **Sunnmörealpen** sowie den Gletscher **Ålfotbreen**. Auf dem Weg zum Vestkapp fährt man zunächst über die Reichsstraße 15 in westliche Richtung entlang des **Nordfjorden** und biegt bei **Myklebust** in nördliche Richtung auf die Straße 61, folgt dann der 620 und hinter **Kjøde** der 618. Die Straße führt vorbei am kleinen **Moldefjorde**. Hier hat man Gelegenheiten zum Parken und eine grandiose Aussicht. Weiter führt die Route bis **Selje** und dann über eine kleinere Straße quer über die Insel bis **Sandvik**. Oberhalb von Selje hat man einen herrlichen Ausblick über den kleinen Ort Selje und die Insel Selja. Von Sandvik geht es weiter über die Reichsstraße 620 entlang des **Vanylvsfjorden** und am Ort **Leikanger** vorbei zum Vestkapp. Hier stehen ausreichend Parkplätze zur Verfügung. Entlang der Küste wird Aquakultur betrieben und so sieht man die Netzkäfige der Lachszüchter.

Auf dem Rückweg sollte man bei der ersten Möglichkeit nach links abbiegen. Eine kleine Straße führt hinunter zur Siedlung **Indre Honningsvåg**. Hier herrscht »Idylle pur«, denn nur wenige Holzhäuser reihen sich entlang der malerischen Bucht. Fast schon kitschig wirkt das Bild mit den ein- und auslaufenden Fischerbooten und den witzigen Austernfischern, die mit ihren langen roten Schnäbeln zwischen den Steinen nach Beute suchen.

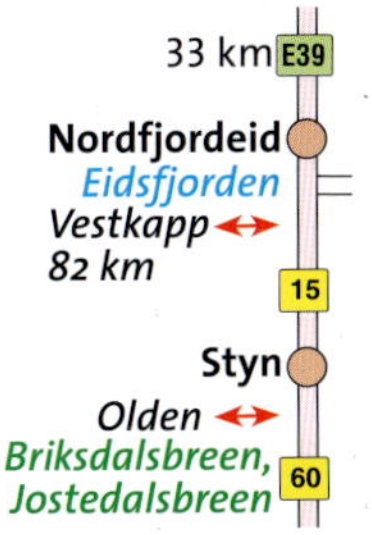

Von Nordfjordeid geht es weiter über die E39 und dann über die Reichsstraße 15 in östliche Richtung. Wir fahren nun am südlichen Ufer des landschaftlich sehr schönen Sees Hornindalsvatn entlang. Viele werden sich fragen, ob es sich wirklich um einen See handelt, denn schließlich sieht er genauso aus wie ein Fjord. In der Tat hat er die gleiche Entstehungsgeschichte: Mächtige Gletscher gruben sich in der Eiszeit tief ein. Als sie sich zurückzogen, wurde das entstandene Tal vom Fluss gespeist. Ein Zugang zum Meer besteht hier nicht. Wie am Hornindalssee steht man vor vielen lang gezogenen Seen und glaubt, wieder am Meer zu sein. Der Blick auf die Karte, die fehlenden Schiffe oder eine Geschmacksprobe (salzig oder süß?) verraten schnell, ob es sich um einen See handelt. Der Hornindalssee im gleichnamigen Tal ist ein besonderer See, denn mit einer Tiefe von bis zu 514 Metern ist er der tiefste See Europas.

Im weiteren Verlauf führt die Route zur Gletscherzunge **Briksdalsbreen**. Hier fährt man über die Reichsstraße 15 nach **Stryn** zunächst um eine lang gezogene Bucht und weiter um das Ende des **Invikfjorden**. Wir passieren den Ort Loen. Als Nächstes erreichen wir nach sechs Kilometern den kleinen Ort **Olden**, in dem auch Kreuzfahrtschiffe anlegen. Mit den Bussen fahren dann deren Passagiere wie auch die Wohnmobilreisenden durch das Tal **Oldedalen** über die Reichsstraße 724, vorbei an dem durch Gletscher gespeisten trüben See **Oldevatnet** hinauf zu dem Dörfchen **Briksdals**, dem Ausgangspunkt zur Wanderung zum **Briksdalsbreen**. Die Fahrt vorbei an dem tiefgrünen See, sattgrünen Bergen und tosenden Wasserfällen macht richtig neugierig auf den Gletscher. Der Berggasthof »Briksdalsbre Fjellstove« bietet auch Stellplätze für Wohnmobile.

Wanderung zum Gletscher

Der mächtige Plateaugletscher **Jostedalsbreen** ist der größte Gletscher auf dem europäischen Festland. Von besonderer Ästhetik sind die schönen Gletscherzungen, die sich durch enge Täler hinunterschlängeln. Zu den schönsten Gletscherzungen gehört der **Briksdalsbreen**. Die rund einstündige Wanderung hinauf zum Gletscher beginnt am Parkplatz, nach wenigen Metern erreicht man den Berggasthof. Hier kann man sich auch geführten Wanderungen mit Seilschaft anschließen. Zunächst soll es aber strammen Schrittes zum Gletscher gehen. Urlauber, die mit ihren Kräften haushalten müssen, setzen sich lieber in das »Trollauto« und werden ein großes Stück hinaufgefahren. Man wandert stetig einen breiten Weg hinauf und überquert einen tosenden Wasserfall. Allmählich wird der Weg steiler und führt über Geröll.

Auch wenn man den Briksdalsbreen mit vielen anderen Touristen teilen muss, lohnt sich die Wanderung. Die Fahrt geht über Olden und Stryn zurück, bis man wieder an den tiefen Hornindalssee gelangt. Man biegt

Nicht selten treffen wir auf unserer Tour durch das Fjordland auf bizarre Eisformen.

Der beliebte Gletscher Briksdalsbreen

Der Geirangerfjord ist ein Ziel vieler Kreuzfahrttouristen.

dann auf die Straße 60 rechts ab und fährt durch das Tal Hornindal unterhalb des markanten Berges Hornindalsrokken (1.529 Meter) vorbei bis nach **Hellesylt**. Am Fähranleger ist zunächst Endstation, und weiter geht es dann mit der Fähre. Die rund 70-minütige Fährüberfahrt gleicht einer kleinen Kreuzfahrt. Und tatsächlich ist man hier im Fahrwasser der großen und bekannten Kreuzfahrtschiffe, deren Gäste unbedingt den engen Geirangerfjord sehen möchten. Die Fährverbindung steht bei den Norwegenreisenden hoch im Kurs. Man sollte sich also auf Wartezeiten einrichten. Ratsam ist es auch, sich im Vorfeld über die Abfahrtszeiten zu erkundigen (Info: 71 21 95 00).

Touristenmagnet Geiranger

Ist man erst einmal auf der Fähre und hat auf dem Sonnendeck einen Stuhl ergattert, kann man dem Sprecher lauschen, der in vielen Sprachen die Sehenswürdigkeiten vorstellt. Der **Geirangerfjord** beeindruckt vor allem durch die steilen und hohen Berghänge. An den Felswänden prasseln Wasserfälle herunter, die dem Besucher bei Sonnenlicht die Spektralfarben zeigen. Bekannte Wasserfälle sind die sieben aneinandergereihten Fälle mit dem Namen »Die sieben Schwestern«. »Freier« und »Brautschleier« sind weitere Namen für die gigantischen Wasserfälle. Selbst an den steilen Hängen siedelten sich Menschen an und betrieben Landwirtschaft. Die Gehöfte **Skageflå** und **Knivsflå** sind verlassen und bieten ein unvergleichliches Bild in luftiger Höhe. Die letzten Höfe wurden erst 1961 aufgegeben. Sobald man an den kahlen Felswänden vorbei in Richtung des kleinen Ortes **Geiranger** sehen kann, vor dem auch noch einige Kreuzfahrtschiffe vor Anker liegen, geht ein Raunen durch die Fähre. Mit dem dahinter liegenden, rund 1500 m hohen Berg **Dalsnibba** bietet sich ein unvergessliches Landschaftsbild.

Sobald die Fähre in dem kleinen Ort Geiranger anlegt und man das Schiff verlässt,

» AUSFLUGSTIPP

Grandiose Aussicht
Den schönsten Ausblick auf den Fjord hat man oberhalb von Geiranger. Von dort geht es die teils enge Straße über die vielen Haarnadelkurven hinauf, was auch der weiteren Route entspricht. Vorbei führt der Weg am neuen Fjordmuseum. Dann erreicht man Flydalsjuvet, einen markanten Felsvorsprung. Er bietet eine tolle Panoramasicht auf den Fjord und den Ort Geiranger. Oberhalb liegt ein Parkplatz mit einem modernen Aussichtspunkt. Von hier aus kann man den Felsen und den Fjord gut überblicken. Waghalsige setzen sich auf den unteren Felsen und lassen sich vom oberen Parkplatz aus fotografieren. Beide Parkplätze sind wegen der wenigen Parkmöglichkeiten oft überfüllt.

trifft man auf das, was man in Norwegen nicht erwartet hätte. Hier herrscht ein Hauch von Massentourismus, denn der Magnet Geirangerfjord lockt Bustouristen, Kreuzfahrer und Individualtouristen gleichermaßen. Natürlich ist der enge Fjord nicht konkurrenzlos, hat aber trotz seiner Popularität und des starken Ansturms der Besucher an Ausstrahlung nicht verloren. Die rund 250 Einwohner leben fast ausschließlich vom Fremdenverkehr und so findet man hier Souvenirgeschäfte, Restaurants, Hotels und Campingplätze. Im Winter hält Geiranger dann Winterschlaf, die Angestellten haben den Ort verlassen, der dann auch noch durch die gesperrten Straßen isoliert ist und nur über den Schiffsverkehr erreicht werden kann. Lohnenswert ist der Besuch des neuen Fjordmuseums.

In luftigen Höhen ins Ottatal

Es geht weiter über eine serpentinenreiche Strecke. Mit jedem Höhenmeter wird die Vegetation artenärmer. Schließlich erreicht man den Berggasthof »Djuphasshytta« am dunkelblauen See **Djupvatnet**, der auch noch bis in den Juni hinein zugefroren sein kann. Von hier aus führt eine Straße hinauf auf den Berg **Dalsnibba**, der aus einer Höhe von 1457 Metern einen herrlichen Blick auf den Geirangerfjord und die umliegenden Berge und Fjelle bietet. Hier fahren die Kreuzfahrtpassagiere mit dem Ausflugsbus und viele Reisende mit ihrem Pkw hoch. Die mautpflichtige Fahrt hinauf mit dem Wohnmobil sollte man nur mit kleinen Fahrzeugen und starken Nerven durchführen, da man hier eine kurvenreiche und nicht gesicherte Schotterstrecke befährt.

Entweder entspannt oder von der Auf- und Abfahrt auf den Dalsnibba angespannt geht es dann am idyllischen See Djupvatnet vorbei. Bei der nächsten Gelegenheit biegen wir nach rechts auf die Reichsstraße 15 ein und fahren auf einer tunnelreichen Strecke weiter. Anschließend geht es nach links auf die Reichsstraße 248 durch das Tal **Videdalen**. Man fährt hier durch ein Sommerskigebiet und so sieht man auch in den Sommermonaten Skifahrer auf dem Gletscher **Tystigbreen**.

Hellesylt
Geirangerfjord
Geiranger
Berg Dalsnibba
Videdalen
96 km 15
Måådalen
Ottadal
Lom

»Die sieben Schwestern« sind die wohl bekanntesten Wasserfälle im Geirangerfjord.

Unwirtliche Landschaft im Måådalen

Ausreichend Parkplätze sind vorhanden – durchdachte Infrastruktur.

Das weite **Måådalen** erwartet uns mit einer kargen unwirtlichen Landschaft. Zurück auf der Reichsstraße 15 halten wir uns in Richtung Lom. Nun geht es allmählich wieder bergab und die Landschaft zeigt sich von ihrer freundlichen und grünen Seite. So gelangen wir ins Ottadal.

Vom Ottadal bis Lom

Das erlebenswerte **Ottadal** durchfließt die **Otta**, die sich an einer Stelle so breit ausgebildet hat, dass daraus der **See Ottavatnet** entstand. Das Tal endet im **Gudbrandsdal**, wo sich die Stadt **Otta** befindet. Im Vergleich zu dem bekannten Gudbrandsdal ist das Ottadal zwar wesentlich kleiner, aber nicht minder interessant. Es lohnt ein ausgiebiger Besuch des seit Langem besiedelten Tals, das viele kulturelle Schätze bietet. Im Schatten der Hochgebirgsregion **Jotunheimen** sind zur Freude der Reisenden die Niederschlagsmengen gering und so müssen die Felder sogar künstlich bewässert werden. Zu den landschaftlichen Attraktionen gehören die beiden Wasserfälle **Pollfoss** und **Dønfoss**, die sich in der Nähe der Straße befinden. Darüber hinaus stößt der Besucher in Lom auf hochrangige kulturelle Attraktionen.

Der reizvoll gelegene Ort **Lom** ist ein Verkehrsknotenpunkt, an dem sich der Talzug **Bøverdalen** südlich an das Ottatal anschließt. Lom ist ein Versorgungszentrum für das Tal und bietet Geschäfte und Unterkünfte sowie Sehenswürdigkeiten für den Besucher: Neben einem sehenswerten Freilichtmuseum und dem norwegischen Gebirgsmuseum (Norsk Fjellmuseum) sowie dem Mineralienmuseum besticht in erster Linie die Stabkirche im Stadtzentrum (siehe Kasten). Das sehenswerte Freilichtmuseum (Lom Heimatmuseum) liegt auf dem **Presthaugen** und spiegelt in eindrucksvoller Weise das Leben rund um Lom vor mehr als 150 Jahren wider. Sehenswert im Ortszentrum ist die Auslegerbrücke, eine kleine Holzbrücke, in der Nähe des tosenden Wasserfalls **Prestfossen**. Wer aktiv die Umgebung kennenlernen möchte, sollte auf dem Natur- und Kulturlehrpfad nach **Soleggen** wandern. Dieser Pfad ist rund sieben Kilometer lang und hierbei wird ein Höhenunterschied von rund 700 Metern überwunden. Die Touristeninformation befindet sich im »Norsk Fjellmuseum«: Tel. 61 21 29 90, www.visitlom.com.

» SEHENSWERT

Stabkirche von Lom
Die Stabkirche von Lom ist eine Attraktion, die weit über das Ottadal hinaus bekannt ist. Sie thront im Stadtzentrum (Parkplätze vorhanden) und zieht alljährlich unzählige Besucher an. Sie wurde rund um das Jahr 1180 erbaut und urkundlich erstmalig 1270 erwähnt. Mit der steigenden Zahl der Gläubigen ist auch die Stabkirche gewachsen und so waren umfangreiche Umbauten bis zum heutigen kreuzförmigen Grundriss nötig. Werner Olssen führte diese Umbauten Anfang des 17. Jahrhunderts durch. Die Kirche ist im Inneren mit unzähligen Bildern ausgestattet und verfügt am Nordflügel über Ranken- und Tierornamentik. Die 20 großen Pfeiler im Innenraum und die gekreuzten Balken weisen auf den ursprünglichen Bau mit quadratischem Grundriss hin. Unter der Decke hängt eine alte Fahne mit einer Wasserschaufel, die von einer frühen künstlichen Bewässerung des trockenen Tales zeugt. In der Kirche werden Führungen auch in Deutsch angeboten.

Wanderabstecher auf den Galdhøpiggen

Mit einem Blick zurück zur imposanten Stabkirche geht es weiter durch das **Bøverdalen** über die Reichsstraße 55. Nach 19 Kilometern erreicht man linkerhand eine Privatstraße, die hinauf in Richtung Hochgebirgsregion **Nationalpark Jotunheimen** führt. Die Fahrt hinauf zur Berghütte kostet Nerven und die anschließende Wanderung hinauf auf den 2.469 Meter hohen **Galdhøpiggen** viel Energie. Die Wanderung setzt eine gute körperliche Verfassung sowie funktionelle warme Kleidung und Wanderschuhe voraus. Zunächst passiert man bei der Auffahrt den Campingplatz **Raubergstulen** und kommt dann an eine Mautstelle. Nach 10 Kilometern erreicht man in einer Höhe von 1837 Metern die Berghütte »Juvasshytta«. Gratulation! Höher kann man mit dem Wohnmobil in Skandinavien nicht gelangen. Nun kann man auf den Schotterflächen selbst eine kleine Wanderung unternehmen oder sich in der Berghütte über die geführten Wanderungen hinauf zum imposanten und sichtbaren **Galdhøpiggen** infor-

Videdalen
96 km 15
Mårådalen
Ottadal
Lom
Stabkirche
56 km 55
Nationalpark Jotunheimen
Galdhøpiggen
Sognefjell

Stabkirche in Lom

Die Wanderung hinauf zum Galdhøpiggen führt über einen Gletscher.

Stille Seen sind erstklassige Fotomotive.

mieren. Man kann hier nur in einer Seilschaft wandern, da der Weg über einen Gletscher führt. Im unteren Bereich hat man einen guten Ausblick auf das Sommerskigebiet, in dem auch die schwedische Nationalmannschaft trainiert. Die Wanderung geht kontinuierlich bergauf und führt über Schotter und Geröll, über Schneeflächen und Gletscher, bis man nach rund zwei bis drei Stunden die Spitze des höchsten Berges erreicht. Hier oben befindet sich eine Schutzhütte. Hat man sich erst einmal hingesetzt und seinen Proviant ausgepackt, möchte man auf das faszinierende Hochgebirge blickend mehr über den **Nationalpark Jotunheimen** erfahren.

Der Nationalpark Jotunheimen

Das »Heim der Riesen«, wie sich **Jotunheimen** übersetzen lässt, umfasst eine Fläche von 1.140 km². Der Nationalpark wurde erst 1980 eingerichtet. An keiner anderen Stelle Norwegens hat eine Region einen solchen Hochgebirgscharakter wie in Jotunheimen. Hier thronen der **Glittertind** und der Galdhøpiggen mit 2.469 Metern. Zahlreiche Berge sind höher als 2.000 Meter (25 Gipfel sogar über 2.290 Meter). Die Massive, viele Gletscher, etliche große Seen und Schotter- und Geröllflächen prägen das Landschaftsbild des Nationalparks. Der große See Gjende sowie die etwas kleineren Seen **Bessvatnet** und **Russvatnet** entstanden durch ständige Bewegung der Gletscher, die einst in den Tälern »baggerten«. Die mächtigen Eismassen der Gletscher bedecken noch heute eine Fläche von rund 200 km². Einen schnellen Rückzug der Gletscher verhindern die hohen Niederschlagsmengen, die in Jotunheimen jährlich bei rund 3.000 mm liegen, dementsprechend hoch sind auch die Mengen der Schmelzwässer. Durch den Fluss **Memuruelva** fließen die trüben Schmelzwässer, die auch als Gletschermilch bezeichnet werden, vom östlichen und westlichen **Memurugletscher** in den großen See **Gjende**, dessen Wasser eine typische Trübung aufweist.

In Jotunheimen herrscht ein raues und teils arktisches Klima und so ist die Tier- und Pflanzenwelt eher artenarm. In **Vettismorki** stößt man auf einen sehr kargen »Wald« mit dicken, knorrigen, trockenen Kiefern. Die Waldgrenze liegt in Jotunheimen bei rund 1.200 Metern, was den Hochgebirgscharakter und das arktische Klima unterstreicht. Zu den weiteren Vertretern der Pflanzenwelt gehören die giftigen Pflanzen Maiglöckchen und Seidelbast sowie Eisenhut, Alpen-Milchlattich, Alpenazalee, Bärentraube, Stengelloses Leimkraut, Silberwurz und Krähenbeere. Eine beliebte Pflanze ist die schmackhafte Walderdbeere. Die Vogelwelt wird geprägt durch Vögel, die auch auf den Hochflächen Südnorwegens brüten, etwa wie der Raufußbussard. In der Tierwelt dominiert das Rentier mit einem Bestand von rund 6.000 Tieren. Daneben kann man mit viel Glück auch Elche (in Utladalen) und Rotwild beobachten. Früher lebte sogar der Braunbär in Jotunheimen. Ist der Bestand an Lemmingen hoch, so steigt auch die Population des Eisfuchses an. Sein Verwandter, der Rotfuchs, lebt auch in diesem Gebiet.

Durch hübsche Dörfchen in der Provinz Sogn og Fjordane

Durch das **Bøverdalen** vorbei an der imposanten Sagasäule bei Elveseter, durch das Leierdalen und das **Breiseterdalen** gelangt man über die Reichsstraße 55 in das **Sognefjell**. Hier erreicht man mit einer Höhe von 1.440 Metern den höchsten Punkt im weiten und kargen Fjell. Im Frühsommer fährt man hier an mächtigen Schneefeldern vorbei. Anschließend geht es wieder bergab und man verlässt die Provinz **Oppland** und kommt in die Provinz **Sogn og Fjordane**. Nach dem »Höhepunkt im Sognefjell« erreicht man nach 30 Kilometern im Ort **Skjolden** das nördliche Ende des **Lustrafjorden**. In Skjolden kann man über eine kleine Straße zur ältesten Stabkirche des Landes nach **Urnes** fahren (30 Kilometer). Sie wurde in der Mitte des 11. Jahrhunderts errichtet und wurde in die Weltkulturerbeliste der UNESCO aufgenommen. Von Urnes besteht die Möglichkeit mit der kleinen Fähre nach **Solvorn** zurückzukehren, anstatt den Umweg um den Fjord zu nehmen.

Wer jedoch nicht die lohnenswerte Stabkirche besichtigen möchte, fährt in Skjolden weiter über die Reichsstraße 55 entlang des trüben Lustrafjorden. Kenner sehen sofort, dass der Fjord mit Gletschermilch aus dem Hochgebirge gespeist wird. Von Skjolden sind es 26 Kilometer bis zum Ort **Gaupne** am gleichnamigen **Gaupnefjorden**. Gaupne liegt am Eingang des reizvollen Tales **Jostedalen**, durch das man die herrliche Gletscherzunge **Nigardsbreen** erreicht. Auf dem Weg befindet sich auch das interessante Informationszentrum, in dem man sich über die Gletscherregion Jostedalsbreen informieren kann. Von Gaupne sind es dann rund 30 km bis zum Städtchen **Sogndal** am gleichnamigen, schmalen Fjord Sogndalfjord. Hier biegt man auf die Reichsstraße 5 ein und erreicht nach elf Kilometern die Ortschaft **Kaupanger**

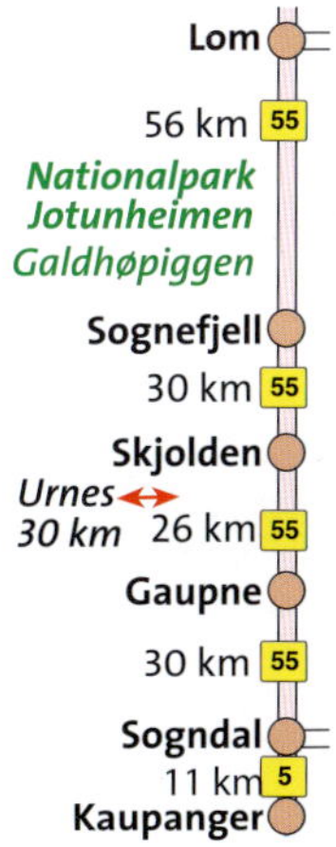

Moderne Kunst an der Reichsstraße 55 im Songnefjell

Am Nærøyfjord liegen idyllische Höfe.

und tritt eine kleine Kreuzfahrt an. Wer lange auf die Fähre warten muss, hat noch Zeit sich die Stabkirche (1185) anzusehen oder widmet sich dem »Sogn Fjordmuseum« mit Exponaten rund um das Thema Fischerei und Seefahrt in den beiden vergangenen Jahrhunderten.

Fährfahrt über den Sognefjord

Rund 2,5 Stunden beansprucht die Fahrt von **Kaupanger** nach **Gudvangen** und führt zunächst über den **Sognefjord**, dann durch den **Auerlandsfjord** und schließlich durch den **Nærøyfjord**. Die Fjorde werden immer kleiner und die Überfahrt umso interessanter. Der Sognefjord ist der größte Fjord in Norwegen und schlängelt sich stolze 180 Kilometer in das Inland. Im Küstenbereich des Fjordes ist das Klima maritim und am inneren Ende des Fjordes kontinental. Der Fjord misst an der tiefsten Stelle stolze 1.308 Meter. Der Nebenfjord **Auerlandsfjord** ist weitaus schmaler und bietet Ausblicke auf die Hänge und umliegenden Berge. Spektakulär wird die Mini-Kreuzfahrt erst, wenn die Fähre bei verminderter Fahrt durch den **Nærøyfjord** fährt. Er ist der schmalste Fjord in Nordeuropa und beeindruckt den Fährgast mit Wasserfällen, kleinen Siedlungen und Höfen am Ufer. Vom Fähranleger geht es zunächst bergauf durch das Tal **Nærøydalen**. Hier geht's von der Provinz **Sogn og Fjordane** in die Provinz Hordaland. Die Route führt über die E16 im weiteren Verlauf am Fluss **Strondaelva** vorbei. Rechts der Straße befindet sich der Wasserfall **Tvindefossen** mit einer Fallhöhe von 150 Metern und links erstreckt sich der See **Lønavatnet**. Später erreicht man den Sommer- und Wintersportort **Voss**. Vom Fähranleger bis Voss sind es 46 Kilometer. Direkt am See stehen ausreichend Parkplätze zur Verfügung.

Voss – im Sommer wie im Winter beliebt

Die Stadt Voss beheimatet rund 6.000 Einwohner und liegt in der Provinz **Hordaland**. Voss liegt idyllisch am See **Vangsvatnet**, umgeben von einigen Bergen. Durch die günstigen Wintersportverhältnisse hat sich Voss zu einem bekannten Wintersportort entwickelt. Aber auch dem Sommertouristen hat die Stadt einiges zu bieten: Im Stadtzentrum steht die Voss-Kirche, die zu den gotischen

Kirchen des Landes gehört und zwischen 1271 und 1277 erbaut wurde. Oberhalb der Stadt liegt das sehenswerte Freilichtmuseum **Mölstertunet** mit alten Bauernhöfen aus der Region und großartiger Aussicht. Hier stehen 16 Gebäude, die überwiegend aus dem 16. Jahrhundert stammen und über das arbeitsreiche Leben sowie die Landwirtschaft in der Region berichten. Einen schönen Ausblick hat man vom 660 Meter hohen Berg **Hangurtoppen**, den man mit einer Seilbahn erreicht. Von diesem Berg aus starten im Sommer auch Paraglider. Ebenfalls herrliche Ausblicke auf die Region hat man vom Flugzeug aus. Es lohnt sich ein Rundflug mit dem Wasserflugzeug.

Von Voss sind es 116 Kilometer bis zur anziehenden Hansestadt **Bergen** – ein Muss für jeden Fjordlandurlauber. Für den Wohnmobilreisenden geht es weiter über die E16. Diese gut ausgebaute, tunnelreiche Strecke führt zunächst nach **Dale** (Museum für Energiewirtschaft) und später zum schmalen **Sørfjorden**. Von der E16 geht es auf die Reichsstraße 580 und später auf die E39 in nördliche Richtung ins Stadtzentrum. Bei der Einfahrt in die Stadt muss eine Maut bezahlt werden. Man sollte nun die Karte aufmerksam im Auge behalten. Parkplätze sind im Stadtzentrum z. B. am Hafen in der Nähe des Fischmarktes vorhanden. Stellplätze dort eignen sich jedoch nur für kompakte Wohnmobile. Die Lage des Stellplatzes hat sich in den letzten Jahren immer wieder geändert.

Hansestadt Bergen, die »World Heritage City«

Bevor man sich in Bergen aufmacht und die Attraktionen nacheinander kennenlernt, sollte man sich im wahrsten Sinne des Wortes erst einmal einen Überblick verschaffen. Für den Blick aus der Vogelperspektive bietet sich

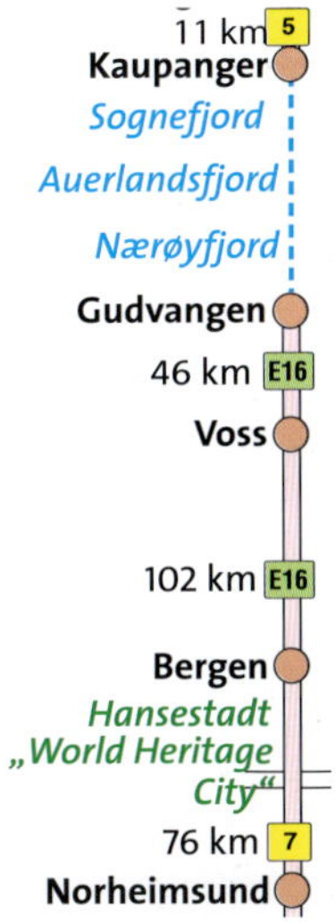

Am späten Abend wird es ruhiger auf dem Fløyen und der Blick auf Bergen ist atemberaubend.

Hochsommer in Bergen

der **Hausberg Fløyen** an. Eine moderne, rundum verglaste Standseilbahn führt auf den 320 Meter hohen Berg hinauf.

Mit Bergen besuchen wir eine der schönsten oder vielleicht sogar die schönste Stadt des Königreiches. Sie bezeichnet sich selbst aufgrund der imposanten Kulturdenkmäler als »World Heritage City«. Für die lebendige Metropole und das sehenswerte Umland sollte man ausreichend Zeit einplanen. Denn Bergen ist nicht nur am Tag sehenswert, sondern gerade am Abend oder in der Nacht kommt in mancher urigen Kneipe bei Livemusik beste Stimmung auf.

Bergen liegt geschützt hinter zahlreichen Inseln und ist von einigen Bergen umgeben. Sie ist Universitätsstadt und die Hauptstadt der Provinz Hordaland. Ihren Bekanntheitsgrad verdankt die Stadt einerseits den vielen attraktiven Sehenswürdigkeiten und andererseits dem Klima. Mit rund 2.000 mm Niederschlag im Jahr gehört sie zu den regenreichsten Städten in Europa. Die Westwinde und der starke Anstieg des Landes an der Küste sind verantwortlich für anhaltende Regenschauer (Steigungsregen). Aber im Sommer kann ein stabiles Hochdruckgebiet der Stadt und ihren rund 240.000 Bürgern viel Sonne und Wärme bescheren.

Die wohl schönsten Bauwerke sind die krummen und farbenprächtigen Kontore, die **Bryggen**, am Hafen. Nicht nur die Front dieser berühmten Häuserzeile, sondern auch die Innenhöfe beeindrucken. Gemeinsam mit dem Dreimastschoner »Staatsraad Lehmkuhl«, der manchmal am Kai vor Bryggen festmacht, ist dies eines der schönsten Fotomotive des Landes.

Wenige Schritte von Bryggen entfernt steht der markante Holzhof **Finnegård** mit dem informativen Hansemuseum. Außerhalb von Bergen lockt das Museum Troldhaugen mit dem Wohnhaus, dem Grab und der Komponistenhütte des berühmten Sohnes der Stadt, des Komponisten Edvard Grieg (1843–1907). Auch im Stadtzentrum erinnert eine lebensgroße Statue an den geschätzten Sohn der Stadt.

Wer ein besonderes Souvenir aus Bergen mitnehmen möchte, sollte am Vormittag auf den Fischmarkt gehen. Direkt am Hafen präsentieren viele Fischhändler alle Köstlichkeiten, die das Meer zu bieten hat. Ein Lachsbrötchen schmeckt mit Blick auf den lebhaften Hafen einfach doppelt so gut. Die eingeschweißten, gebeizten Lachse sind ein ideales Mitbringsel und erinnern in der Heimat an die prächtige Hansestadt. Aber auch in den vielen weiteren Geschäften wird man keine Probleme haben, etwas Passendes zu finden. Schönstes Kaufhaus ist das große Einkaufszentrum »Galleriet« im Stadtzentrum mit vielen Läden auf fünf Ebenen. Beim Einkauf sollte man sich einen Tax-free-Cheque ausstellen lassen, dann gibt es später einen Teil der Mehrwertsteuer zurück!

Am besten entdeckt man die Hansestadt mit der »Bergen Card«. Sie ist 24 bzw. 48 Stunden gültig und bietet freie Fahrt mit öffentlichen Verkehrsmitteln und der Fløybahn sowie freie Eintritte in die meisten Museen und

Rabatte in einigen Gastronomiebetrieben. Erhältlich ist die empfehlenswerte Karte bei der Touristeninformation, am Bahnhof und den Campingplätzen.

Zu den Wikingern in Eidfjord

Wir verlassen die Fjordmetropole auf der E39, folgen südlich der Reichsstraße 580 und gelangen dann zur E16. Diese bekannte tunnelreiche Strecke fahren wir in östlicher Richtung bis zur Reichsstraße 7, auf der wir jetzt viele Kilometer unterwegs sein werden. Vor dem Ort **Norheimsund** lohnt sich eine Pause am Wasserfall **Steinsdalsfossen** (Parkplätze vorhanden). Ein Pfad führt hinter dem Wasserfall durch, den man unbedingt entdecken sollte.

Nach der kühlen Rast geht die Tour weiter in östliche Richtung immer am **Hardangerfjord** entlang. Wir sehen große Obstbaumwiesen, die auf den intensiven Obstanbau in dieser Region schließen lassen. Viele in Norwegen verspeiste Äpfel oder Kirschen stammen aus diesem größten Obstanbaugebiet des Landes. Besonders reizvoll ist die Fahrt entlang des Fjordes im Mai und Juni, wenn die rund 1,3 Millionen Bäume in Blüte stehen.

Nachdem man den kleinen **Granvinfjorden** passiert hat, sollte man sein Wohnmobil noch mal gut durchlüften, denn anschließend geht es durch den 7,5 Kilometer langen **Vallaviktunnel**. Nach wenigen Kilometern erreicht man den Fähranleger **Bruravik**. Rund 15 Minuten benötigt die Fähre, um über den **Eidfjord** zu fahren und den gegenüberliegenden Fähranleger **Brimnes** zu erreichen.

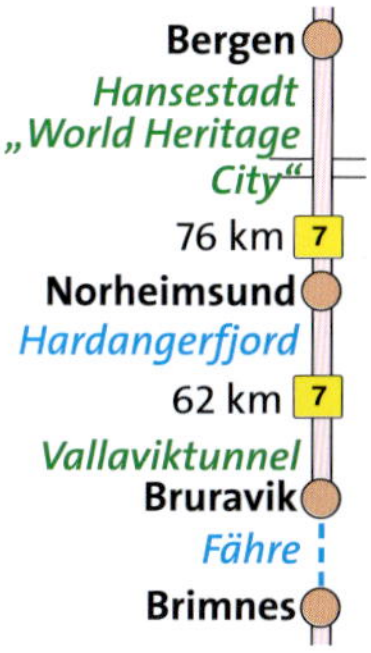

Oben: Die Häuserzeile Bryggen wurde in die UNESCO-Weltkulturerbeliste aufgenommen.

Unten: Der Hardangerfjord ist an dieser Stelle sehr breit.

Ein besonderes Wandererlebnis bietet die Hardangervidda.

Jetzt sind es nur zehn Kilometer bis nach **Eidfjord**. Das Dorf mit rund 1.000 Einwohnern verfügt über ein modernes Zentrum und bietet in der Umgebung einige Attraktionen wie das **Hardangervidda Naturcenter** (an der Reichsstraße 7) oder **Hereid** mit den großen Wikingergräbern. Das Touristenbüro in Eidfjord informiert über die Umgebung und lohnenswerte Führungen im Simakraftwerk.

» SEHENSWERT

Führung im Wasserkraftwerk
In Norwegen wird der Strom zu 99 % durch Wasserkraft erzeugt. Die Hydroelektrizität ist nicht nur umweltfreundlich, sondern in Norwegen nur selten sichtbar, wie am Beispiel Simakraftwerk deutlich wird, dessen Turbinenhalle sich im Berg befindet. Lohnenswert ist daher ein Besuch des Wasserkraftwerks im Simadalen, wenige Kilometer nordöstlich von Eidfjord. Es gehört zu den größten Anlagen seiner Art in Norwegen. Seit 1980 werden durch dieses Wasserkraftwerk rund 270.000 Menschen mit Strom versorgt. Die gigantische Turbinenhalle kann im Rahmen einer Führung besichtigt werden (Tel. 53 67 34 00).

Wasserfall Vöringsfosse und Hardangervidda

Über die Reichsstraße 7 geht es weiter und schließlich erreicht man den bekannten Wasserfall **Vöringsfossen**. Zahlreiche Parkplätze stehen hier zur Verfügung. Dann geht es zu Fuß weiter zum Aussichtspunkt. Hier schaut man auf den mächtigen Wasserfall, dessen Wassermassen aus einer Höhe von 182 Metern herunterprasseln. Das Wasserspektakel ist von Juni bis Mitte September zu bewundern, im restlichen Jahr werden die Wassermassen über Turbinen abgeleitet und so zur Stromgewinnung genutzt. Doch allein der Blick in den tief eingeschnittenen Canyon ist mächtig eindrucksvoll, sodass sich ein Besuch zu jeder Jahreszeit lohnt.

Im weiteren Verlauf der Route fährt man allmählich auf eine Höhe von rund 1000 Metern und erreicht die **Hardangervidda**, die größte Hochfläche Europas. Nun ist man in der Provinz **Buskerud**. Hier fährt man durch eine karge flachwellige Landschaft und sollte bei schönem Wetter die Wanderschuhe anziehen und auf Schusters Rappen diese besondere Landschaft entdecken.

» WANDERTIPP

Rund um den Storekrækkja

Ein idealer Ausgangspunkt für eine herrliche Wanderung ist die Hütte Fagerheim, die direkt an der Reichsstraße 7 liegt. Die Wanderung geht um den See Storekrækkja und ist rund 13 Kilometer lang. Je nach körperlicher Konstitution benötigt man rund drei bis vier Stunden. Über flaches, steiniges Gelände geht es im Uhrzeigersinn um den See, teilweise ist der Weg markiert. Ein Verlaufen ist nicht möglich und nach rund 1,5 Stunden erreicht man die bewirtschaftete Wanderhütte »Krækkjahytta«. Nicht nur feste Wanderschuhe sind auf dem steinigen Untergrund wichtig, man muss auch warme Sachen dabeihaben, denn das Wetter kann schnell umschlagen. Dieser Teil der Hardangervidda liegt außerhalb der Nationalparkgrenzen, bietet jedoch ebenfalls eine reizvolle Landschaft.

Wintersportort Geilo

Weiter führt die Route über die Reichsstraße 7 in östliche Richtung. Rechts der Straße passieren wir den großen See **Ustevatn**, der auf einer Höhe von 985 Metern liegt. Nach elf Kilometern erreichen wir den Wintersportort **Geilo**. Er erstreckt sich auf einer Höhe von rund 800 Metern. Man blickt auf die braunen Skipisten und die vielen Unterkünfte lassen erahnen, dass der Wintersport hier groß geschrieben wird. Unterhalb des Ortes steht das informative Freilichtmuseum mit Hofgebäuden aus dem **Hallingdal**, die aus dem 17. und 18. Jahrhundert stammen. Darüber hinaus ist auch das 5 Kilometer westlich gelegene Gräberfeld **Fekjö** aus der Wikingerzeit einen Besuch wert. Geilo ist auch ein guter Ausgangspunkt für Radtouren. Von hier aus kann man über den bekanntesten norwegischen Radwanderweg, den »Rallar-

Vor der Verwaltung in Eidfjord wacht ein Wildschwein aus Stein.

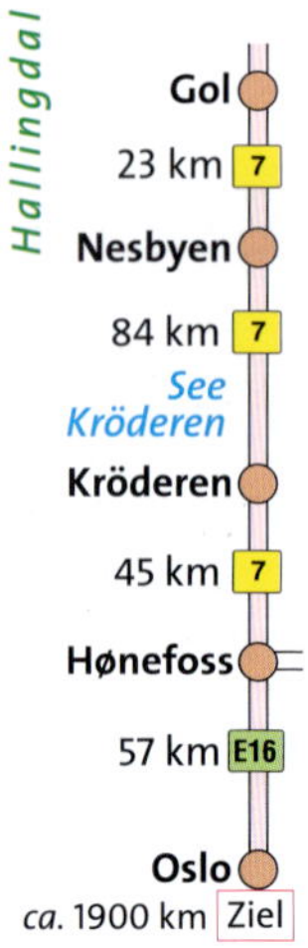

vegen«, lange Radtouren unternehmen (Info: Tel. 32 09 59 00).

Weiter geht es rund zehn Kilometer durch das kleine Tal **Ustedal**, bis man in das größere **Hallingdal** gelangt. Der Hallingdalselva fließt durch das Tal, das zu den beliebtesten Feriengebieten Norwegens gehört. Der größte Andrang herrscht im Winter. Dann sind die Pisten und Loipen gut besucht, aber lange nicht so stark frequentiert wie in den Alpen. Der Tourismus hat im Hallingdal eine lange Tradition und lässt sich bis in das frühe 19. Jahrhundert zurückverfolgen. Heute speisen die Touristen die Delikatessen des Tales wie »Spekemat« (Pökelfleisch), »Rakfisk« (eine gegorene Forelle), »Römmegröt« (Sauerrahmgrütze) und «Lefse« (Kaffeegebäck).

Mit dem Wohnmobil zur »Kröderbahn«

Nach 15 Kilometern erreicht man den Ort **Gol**, der wie Geilo ein beliebter Sommer- und Wintersportort ist. Im Ort sind ausreichend Parkplätze vorhanden, sodass man einen kleinen Rundgang machen kann. Als Erstes wird man die Stabkirche ansteuern, die jedoch nur ein detailgenauer Nachbau ist. Die originale Kirche von 1250 steht im norwegischen Folksmuseum in Oslo. Neben der Land- und Forstwirtschaft stellen die Holzindustrie und der Fremdenverkehr die wirtschaftliche Grundlage der Stadt dar. Im Sommer lohnen sich Wanderungen rund um Gol und bei Schmuddelwetter der Besuch der spaßigen und erholsamen Badelandschaft Tropicana.

Wenige Kilometer hinter Gol ändert das Hallingdal seinen Verlauf und »knickt« fast im rechten Winkel in Richtung Süden ab. Weiterhin präsentiert sich das Tal mit seinem Fluss **Hallingsdalselva** und seinen Wäldern von seiner idyllischen Seite. Von Gol bis zum nächsten Ort **Nesbyen** sind es 23 Kilometer. Rund um Nesbyen stehen ausreichend Campingplätze zu Verfügung. Von dem norwegischen »Hotspot« – in den Sommermonaten kann es hier 37° C (Rekordtemperatur in Norwegen!) heiß werden – geht es weiter durch das Tal und man erreicht den landschaftlich reizvollen See **Kröderen**. Fährt man von der Route rund fünf Kilometer ab und steuert den Ort Kröderen am südlichen Ende des Sees an, kann man eine besondere Attraktion erleben. Seit 1872 verkehrt hier auf einer Strecke von 25 Kilometern die historische Dampfeisenbahn »Kröderbahn«. Die Route wird weiter über die Reichsstraße 7 fortgesetzt und bringt den Reisenden nach 35 Kilometer in den Industrieort **Hønefoss**.

Mit der Fähre zurück

Hønefoss zählt rund 11.000 Einwohner und liegt im Mündungsgebiet der Flüsse **Ådalselv** und **Randselva**, nördlich des verwinkelten Sees **Tyrifjorden**. Im Stadtgebiet liegt auch der Wasserfall. Hønefoss ist eine für die Region wichtige Industriestadt und bedeutendes Handelszentrum. Ein wichtiger Wirtschaftszweig ist die traditionsreiche Holz- und Forstwirtschaft. Sehenswert ist das Museum für Raumkunst. Unter anderem ist in diesem interessanten Museum eine Wohnungseinrichtung aus dem 14. Jahrhundert zu bestaunen.

Die Industriestadt verlässt man über die gut ausgebaute E16 in Richtung Oslo und gelangt auf die E18. In Stadtnähe muss zunächst eine Mautgebühr bezahlt werden. Vor der Mautstation geht es rechts ab zum Jachthafen **Marina Sjølyst**, der über einen Wohnmobil-Stellplatz verfügt. Im Übrigen bleibt man auf der E18 und passiert den großen Jachthafen und sieht den Anleger von Color Line. Sollte man mit den Schiffen dieser Fährgesellschaft die Rückreise antreten, so muss man jetzt noch die richtige Ausfahrt finden. Sollte man mit Stena-Line-Fähren zurückfahren, so bleibt man auf der Straße und achtet auf die richtige Abzweigung. Wer noch ausreichend Zeit hat, wird sicherlich der schönen Hauptstadt Oslo einen Besuch abstatten (Beschreibung siehe Route 3).

Die Stabkirche in Gol ist ein brillanter Nachbau.

» ADRESSEN

Fahrtzeit: 15 – 21 Tage (ohne Anreise)

Strecke: E6, E136, Rv 63, Rv 650, E136/E39, E39, Rv 15, Rv 724, Rv 60, Rv 15, Rv 248, Rv 55, E16, Rv 580, E39, Rv 7

Fähren: Solevåg–Festøy; Volda–Folkestad, Hellesylt–Geiranger, Kaupanger–Gudvangen, Bruravik–Brimnes

Touristeninformationen

Lillehammer (im Stadtzentrum): Jernbanetorget 2, 2609 Lillehammer, Tel. 61 28 98 00, www.lillehammerturist.no
Ålesund (im Rathaus): Rådhuset, 6025 Ålesund, Tel. 70 15 76 00, www.visitalesund.com
Bergen (Nähe Fischmarkt): Vågsallmennigen 1, 5014 Bergen, Tel. 55 55 20 00, www.visitbergen.com

Karten

Kümmerly + Frey Nr. 2 (Cappelen kart), Zentralnorwegen I (1 : 335.000) oder entsprechende Atlaskarten im Autoatlas »Norden« von Statoil oder Shell (an norwegischen Tankstellen!)

Campingplätze

Lillehammer (N61°07'34," – E10°26'27,0")
Reizvoll am Mjösasee gelegen und gut ausgestattet empfiehlt sich »Lillehammer Camping«. Die Stellplätze sind alle eben und es bestehen Bademöglichkeiten. An dem großen Einkaufszentrum und dem Anleger des Raddampfers »Skibladner« vorbei führt die Straße zum Campingplatz. Rund 20 Minuten läuft man vom Campingplatz ins Stadtzentrum. Tel. 61 25 33 33, www.lillehammer-camping.no

Fåberg/Gudbrandsdal (N61°14'16,6" – E10°25'41,2")
An dem großen Freizeitpark befindet sich der Campingplatz Hunderfossen Camping. Er ist überdurchschnittlich ausgestattet und bietet auch gute Bademöglichkeiten.
Tel. 61 27 73 00, www.hunderfossen-camping.no

Ringebu/Gudbrandsdal (N61°30'14,3" – E10°10'17,8")
Nur wenige Kilometer südlich von Ringebu (und der Stabkirche) liegt am Ufer des Flusses Lågen der gepflegte Campingplatz Elstad Camping (an der E6). Auf einem ebenen Wiesengelände gibt es ausreichend Stellplätze. Für Aktive stehen Fußballfeld und Sandvolleyballfeld sowie Boote zur Verfügung. Tel. 61 28 00 71

Otta/Gudbrandsdal (N61°48'09,5" – E09°32'54,0")
Rund zwei Kilometer nördlich von Otta befindet sich der Campingplatz »Otta Turistsenter«.
Tel. 61 23 03 23, www.ulvolden.com

Dombås/Gudbrandsdal (N62°02'56,5" – E09°08'42,2")
Der Campingplatz »Bjørkhol Camping« befindet sich sechs Kilometer südlich von Dombås und 200 Meter vom Fluss Lågen entfernt. Tel. 61 24 13 31, www.bjorkhol.no

Åndalsnes (N62°27'50,9" – E06°15'19,2")
Der 4-Sterne-Campingplatz »Åndalsnes Camping og Motell« hat eine gute Lage am Fluss Rauma rund 1,5 Kilometer vom Stadtzentrum entfernt. Er bietet Blicke auf die Berge und verfügt über durchgängig ebene Plätze. Er verfügt auch über ein kleines Restaurant und einen Kiosk.
Tel. 71 22 16 29, www.andalsnescamp.no

Valldal/Stellplatz
Im Tal Valldal bei Langdal liegt der Stellplatz »Langdal Bobilparkering«. Schilder weisen auf den Platz hin. Bis Åndalsnes sind es 33 km und bis zum Ort Valldal 23 km. Tel. 70 25 86 22.

Ålesund (N62°27'47,8" – E06°15'25,4")
Östlich der Stadt Ålesund befindet sich am Heissafjord der Campinglatz Prinsen Strandcamping.
Gåseid, Tel. 70 15 21 90, www.prinsen-camping.no
Ein ebener, asphaltierter Stellplatz befindet sich nahe des Stadtzentrums von Ålesund direkt am Fjord. Er ist im Zent-

Nordal Turistsenter in Lom ist ein komfortabler Campingplatz.

rum ausgeschildert und verfügt über Ver- und Entsorgung. Tel. 70 16 21 28.

Stryn (N61°54'22,9" – E06°43'29,6")
Mit vier Sternen ist der »Stryn Camping« dekoriert. Er befindet sich im Stadtzentrum von Stryn.
Tel. 57 87 11 36, www.stryn-camping.no

Olden (N61°45'26,3" – E06°43'40,7")
»Oldevatn Camping« erstreckt sich am See Oldevatn auf der Strecke von Olden zur Gletscherzunge Briksdalsbreen (Rv 724). Viele Dienstleistungen werden hier angeboten und zum Wohlfühlen trägt ein neues Sanitärgebäude bei.
Tel. 57 87 59 15

Olden/Briksdalsbre (Stellplatz)
(N61°39'48,2" – E06°49'19,0")
Der Berggasthof Briksdalsbre Fjellstove ist der Ausgangspunkt für die Wanderung zum Briksdalsbreen. Hier stehen für Wohnmobilreisende Stellplätze zur Verfügung.
Tel. 57 87 68 00, www.briksdalsbre.no

Geiranger (N62°05'59,0" – E07°12'25,7")
Nahe des Ortszentrums befindet sich »Geiranger Camping«, mit Fjordblick. Tel. 70 26 31 20, www.geirangercamping.no

Lom (N61°50'22,7" – E08°34'23,6")
Ein ansprechender Campingplatz ist Nordal Turistsenter (4 Sterne), der zentral im Ort liegt, nur wenige Schritte von der Stabkirche entfernt. Das große Wiesengelände ist eben und zur Anlage des Campingplatzes gehören auch ein Imbiss, ein Aufenthaltsraum, ein schöner Spielplatz und eine Tankstelle. Nordal Turistsenter wird von dem bekannten Sänger Lars Bakke geführt. Tel. 61 21 93 00

Skjolden (N61°29'06,5" – E07°38'26,7")
Den Campingplatz »Vassbakken Kro og Camping« erreicht man über die Reichsstraße 55. Er ist rund drei Kilometer von Skjolden entfernt.
Tel. 57 68 61 88, www.skjolden.com/vassbakken

Gaupne (N61°24'02,0" – E07°18'01,5")
Unweit des Ortszentrums, an der Reichsstraße 55, liegt »Pluscamp Sandvik« mit ebenen Stellplätzen.
Tel. 57 68 11 53, www.pluscamp.no

Sogndal (N61°12'35,6" – E07°07'14,8")
Am Sogndalfjord, an der Reichsstraße 5, liegt »Kjørnes Camping«. Er verfügt über einen hohen Standard und ist für Bade- und Angelfreunde bestens geeignet.
Tel. 57 67 45 80, www.kjornes.no

Voss
»Voss Camping« ist ein ebener Campingplatz am See. Zum Stadtzentrum sind es rund 300 Meter.
Tel. 56 51 59 97, www.vosscamping.no

Bergen (N60°22'27,1" – E05°27'26,7")
Der empfehlenswerte Campingplatz »Lone Camping« befindet sich 19 Kilometer östlich von Bergen an der Reichsstraße 580 in Haukeland. Er liegt an einem schönen See und bietet rund 250 ebene Stellplätze. Er verfügt auch über Kiosk, Tankstelle und Restaurant.
Tel. 55 39 29 60, www.loneamping.no
Die Lage des Stellplatzes in Bergen hat sich in den letzten Jahren immer wieder geändert.

Eidfjord (N60°25'33,1" – E07°07'27,5")
Wenige Kilometer östlich von Eidfjord, 500 Meter vom Hardangervidda Naturcenter entfernt, befindet sich »Sæbø Camping« am See Eidfjordvatnet.
Tel. 53 66 59 27, www.saebocamping.com

Geilo (N60°31'32,1" – E08°13'20,0")
Rund 500 Meter vom Ortszentrum Geilo entfernt befindet sich der Campingplatz »Geilo Camping«. Er ist einfach ausgestattet.
Tel. 32 09 07 33, www.geilocamping.no

Gol (N60°41'59,3" – E09°00'15,2")
Ein ganz besonders komfortabler Campinglatz, der zu einem längeren Aufenthalt einlädt, ist »PlusCamp Gol«. Er befindet sich in landschaftlich schöner Lage, rund zwei Kilometer südlich vom Ortszentrum Gol. Der 4-Sterne-Platz lässt keine Wünsche offen und bietet sogar ein Freibad und viele ebene Stellplätze.
Tel. 32 07 41 44, www.golcamp.no

Nesbyen (N60°35'55,3" – E09°04'48,9")
Der Campingplatz »Sutøya Feriepark« liegt auf einer Halbinsel im Fluss Hallingdalselva, nahe der Reichsstraße 7, ca. vier Kilometer von Nesbyen entfernt. Er ist gut ausgestattet und verfügt über einen Kiosk. Das Forellenangeln im Fluss ist kostenlos.
Tel. 32 07 13 97, www.sutoyaferiepark.no

Tyrifjorden (N60°01'45,0" – E10°15'45,4")
Am östlichen Ufer des verwinkelten Sees Tyrifjorden, südlich von Hønefoss befindet sich der Campingplatz »Utvika Camping«. Er ist gut ausgestattet und über die Reichsstraße 16 zu erreichen. Hier hat der Urlauber auch die Möglichkeit zu schwimmen. Von diesem Platz aus ist es nicht weit nach Oslo (39 Kilometer).
Tel. 32 16 06 70, www.utvika.no

2 VON OSLO ZUM NORDKAP

Die Weite und Einsamkeit des Landes »erfahren«

Startpunkt: Oslo **Strecken:** überwiegend E 6 **Beste Jahreszeit:** Mai bis September
Endpunkt: Nordkap **Streckenlänge:** ca. 2.100 km **Fahrtzeit:** 28 Tage ohne Anreise

»Der Weg ist das Ziel« – das gilt auf dieser Tour gerade für urlaubsreife Städter. Denn von der pulsierenden Metropole Oslo geht es hinauf in immer dünner besiedelte Gebiete, die Dörfer werden kleiner und die Vegetation artenärmer. Für die Reise in das Reich der Mitternachtssonne sollte man ein wenig Zeit mitbringen, um die Ruhe und Einsamkeit in vollen Zügen zu genießen.

Der erste Abschnitt dieser Route wurde bereits in der Route 1 (Hauptroute) eingehend beschrieben und führt von **Oslo** über die **E6** vorbei am längsten See des Landes, dem **Mjøsasee**, zur Olympiastadt **Lillehammer**. Danach geht es weiter durch das breite **Gudbrandsdal** bis zur Stadt **Dombås**. Bis hierhin beträgt die Entfernung von Oslo rund 340 Kilometer.

Von Dombås aus führt uns die Europastraße 6 hinauf ins **Fjell**. Wir sind nun im Norden **Opplands** auf einer Höhe von rund 1.000 Metern unterwegs. Links der Straße befindet sich das **Fokstumyra Naturgebiet**, das mit einem sieben Kilometer langen, markierten Wanderweg zu einem herrlichen Spaziergang einlädt. Das Landschaftsbild wird bestimmt durch Moorgebiete mit Seen, Heideland, Flüssen, Bächen und Fjellbirkenwäldern. Das Gebiet steht bei Vogelkundlern hoch im Kurs, denn hier sind 148 verschiedene Vogelarten zu beobachten.

Im weiteren Verlauf der Strecke verlassen wir die Provinz Oppland und den Landesteil Ostnorwegen und erreichen mit der Provinz **Sör-Tröndelag** (Süd-Tröndelag) Mittelnorwegen. Weiter geht es durch das Tal **Drivdalen**. Rechts und links der Straße erstreckt sich der **Dovrefjell Nationalpark**. Dieses unter Naturschutz gestellte Fjellgebiet ist vor allem durch die Moschusochsen bekannt. Rechts der Straße passieren wir die Berghütte **Kongsvoll Fjellstue**, ein idealer Ausgangspunkt für Wanderungen im Fjell. Rund zehn Kilometer später sehen wir unterhalb der Straße den kleinen grasbedeckten Bahnhof, ein Fotomotiv der ganz besonderen Art. Weiter geht es vorbei an Schieferbrüchen und der Schlucht **Magalaupe** links der Straße. In **Oppdal** ist offensichtlich, dass hier der Wintersport groß geschrieben wird. Die insgesamt 55 Kilometer langen Abfahrten machen

Oppdal nach **Trysil** zum zweitgrößten Skigebiet Norwegens. Große Einkaufszentren laden zum Einkaufen und Tankstellen zum Auftanken ein. Einen Blick sollte man in die Kirche von 1561 werfen, denn im Inneren begeistern die schönen Malereien.

Linke Seite: Markantes Bauwerk im Oslofjord

Die spektakuläre Schlucht Magalaupe

Start
Oslo

Von Oslo über die E6 vorbei am Mjösasee nach Lillehammer, durch das Gudbrandsdal nach Dombås

E6

ca. 340 km

Dombås

Fjell

Fokstumyra Naturgebiet, Wanderungen und Spaziergänge

ca. 82 km E6

Von Oppland bis nach Trondheim

Von **Oppdal** sind es rund 130 Kilometer bis zur Metropole **Trondheim**. Dieser Abschnitt führt fast ein wenig eintönig durch Waldgebiete, vorbei an Agrarflächen und kleinen Siedlungen. Ab der Kleinstadt **Støren** reisen wir parallel zum Fluss **Gaula** und das Landschaftsbild wird wieder reizvoller. Nach **Lundamo** öffnet sich das Tal und wir passieren eine Agrarregion. Je mehr wir uns der Metropole **Trondheim** nähern, desto größer werden die Besiedlungsdichte und das Verkehrsaufkommen. Südlich von Trondheim muss eine Mautgebühr entrichtet werden. Die E6 ist gut ausgebaut und macht einen Schlenker südöstlich an der Stadt vorbei. Ein 3.900 Meter langer Tunnel lässt uns für ein paar Minuten im Dunkeln.

Die weitere Strecke zwischen Trondheim und **Steinkjer** wird ausführlich in der Routenbeschreibung 5 vorgestellt. Mit dem Erreichen von Trondheim besteht die Möglichkeit, die beeindruckende mittelnorwegische Region rund um den **Trondheimfjord** kennenzulernen (Routenbeschreibung siehe ab Seite 104).

Geschichtsträchtiges Mittelnorwegen

Steinkjer verlässt man über die E6 weiter in nördliche Richtung und ist in der Provinz **Nord-Tröndelag** unterwegs. Die Straße verläuft oberhalb des nordwestlichen Ufers des großen Sees **Snåsavatnet**. Bieten sich Park- und Pausenmöglichkeiten, sollte man sie nutzen, denn der erhabene Blick über den See mit seinen kleinen Inselchen ist fantastisch. Mit zunehmendem Abstand zu Trondheim wird es – unterwegs in dichtem Wald – spürbar einsamer. In **Grong** bietet ein Freilichtmuseum Abwechslung und rund 13 Kilometer nördlich sollte man sich Zeit für das Lachsaquarium, das »Namsen Laksakvarium«, nehmen (siehe Kasten). Die Europastraße 6 führt weiter einspurig in nördliche Richtung. Nach rund 30 Kilometern erreicht man eine weitere touristische Attraktion im Norden Mittelnorwegens. Es ist der **»Namsskogan Familiepark«**, ein Freizeitpark mitten in einer einsamen Waldregion. Familien machen hier bei der Durchreise Halt und insbesondere die Kinder erfreuen sich an den vielen Fahrgeräten. Für Alt und Jung gleichermaßen interessant ist das Beobachten der vielen Tiere wie Elche, Bären und Rentiere.

» LAND DER LACHSE

Lachsaquarium
Der Lachs ist ein typischer Vertreter der norwegischen Tierwelt. Er zieht zum Laichen vom Meer aus flussaufwärts. Da die Lachsschwärme auf ihrem Weg keine Nahrung aufnehmen und sie zahlreiche Stromschnellen zu überwinden haben, verenden viele Lachse, bevor sie ihr Ziel erreicht haben. Kein anderer Platz in Norwegen informiert so anschaulich über das eigenartige Leben der Lachse wie das »Namsen Laksakvarium«. Hier wurde der Fluss Namsen aufgestaut und über die Lachstreppen gelangen die Lachse hinter die Staumauer. An den Stufen sind Aquarien eingebaut, in denen man diese imposanten Fische beobachten kann. In dem Ausstellungsgebäude ist der größte im Namsen gefangene Lachs zu sehen. Und im angeschlossenen Restaurant gibt es natürlich eine vielfältige Auswahl an Lachsmenüs.
Info: Tel. 74 31 27 00, www.grongfri.no

Info: Tel. 74 33 37 00,
Internet: www.namsskogan-familiepark.no.

Naturspektakel Laksfossen

Nach so viel Trubel ist es kaum vorstellbar, dass man nun stundenlang durch einsame Waldgebiete reist. Rund einen Kilometer südlich vor der Ortschaft **Namsskogan** stoßen wir auf einen der schönsten Picknickplätze Norwegens. Am wilden Fluss **Namsen** betrachten wir eine Weile die tosenden Stromschnellen, an denen ein Pfad vorbeiführt. Kurz darauf erreichen wir an der »Grenze« zwischen **Nord-Tröndelag** und der sich nördlich anschließenden Provinz **Nordland** die Pforte nach Nordnorwegen. Ein großes Tor überspannt die Straße und markiert so den Übergang. Ein Parkplatz lädt zum Verweilen ein und im Touristenbüro gibt es Informationen zur Region.

Unterwegs im Norden des Königreiches führt die E6 an klaren, ursprünglichen Seen wie dem **Store Majavatnet** oder dem **Lille Svenningvatn** und rauschenden Gebirgsflüssen vorbei. Der Fluss **Vefsna** muss immer wieder Stromschnellen meistern und hat sich an einigen Stellen zu Seen ausgebreitet. Parallel zur Straße verläuft die Eisenbahnlinie. Sie ist die einzige Bahnstrecke, die in den Norden führt, und endet in der Stadt **Bodø**.

Rund 14 Kilometer hinter der Ortschaft **Trofors** sollte man dem Naturspektakel **Laksfossen** einen Besuch abstatten. An diesem mächtigen Wasserfall prasseln die Wassermassen aus einer Höhe von 17 Metern herunter. Die Wucht des Wassers scheint hier unaufhaltsam, pro Sekunde stürzen 700 m^3 Wasser über den Felsen. Das benachbarte Restaurant oberhalb des Wasserfalls bietet einen unvergesslichen Ausblick.

Die restlichen 30 Kilometer bis zur Stadt **Mosjøen** führen durch das **Bjørndalen**. Rechts und links der Straße lassen Wiesen und Weiden die nördliche Lage vergessen.

Mosjøen mit nostalgischer Altstadt

Mosjøen ist mit 14.000 Einwohnern die viertgrößte Stadt der Provinz. Industrie – ein großes Aluminiumwerk (Elkem Aluminium) und zahlreiche Textilfabriken beherrschen das Bild. Die Stadt liegt am Ende des **Vefsnfjord**, am Mündungsgebiet der Flüsse **Skjerva** und Vefsna unterhalb des markanten Bergs **Øyfjell** (818 m). Erst auf den zweiten Blick zeigt sie dem Besucher ihre schöne Seite. Das Herz schlägt in der Altstadt entlang des nostalgi-

Am Fluss Namsen lohnen sich die Pausen.

Im Korgefjell stößt man auf neugierige Schafe.

schen Straßenzuges **Sjøgata**. Hier reihen sich alte bunte Holzhäuser aus dem 18. Jahrhundert aneinander. Den schönsten Blick auf das interessante Häuserensemble hat man vom steinigen Ufer. Das Haus mit der Nummer 31 beherbergt ein informatives Museum. Außerhalb der Altstadt stehen die Dolstad Kirche aus dem Jahr 1753 und das benachbarte Museum mit Gebäuden aus dem 17. und 18. Jahrhundert. Info im Rathaus:
Tel. 75 10 10 00, www.vefsn.kommune.no.

Wir verlassen die Hafen- und Industriestadt über die vertraute E6 und fahren hinauf zum See **Fustvatnet**. Hier befindet sich ein idealer Pausenplatz mit Spielwiese und Badestrand. Nach einer Rast geht es die Bergstraße hinauf in das **Korgefjell**. Achtung! Auf der kurvenreichen Straße sind auch einige Schafe unterwegs.

In östlicher Richtung ragt der majestätische Berg **Luktindan** (1.343 m) vor uns auf. Nachdem der Motor sich ausreichend abgemüht hat und nach einer Pause verlangt, erreichen wir den Berggasthof mit vielen Parkplätzen. Hier lohnt sich eine kleine Wanderung durch das Fjell. Anschließend geht es kontinuierlich bergab bis zum Ort **Korgen** und weiter Richtung **Bjerka**. Im kleinen **Sørfjord** angekommen, geht es nun wieder an der Küste entlang.

» KULTURTIPP

Hemnes Museum
Im Ort Bjerka lockt das Freilichtmuseum Hemnes Museum. Es ist touristisch kaum erschlossen und so kann man sich in Ruhe auf dem Hof umsehen. Die Hofgebäude stammen aus dem 18. Jahrhundert und das Haupthaus mit dem nostalgischen Inventar wurde 1750 gebaut. Das Museum bietet auch einen Ausblick auf den Fjord: Tel. 75 19 70 00.

Von **Bjerka** führt die Strecke an dem **Ranafjord** entlang. Neben der Straße verläuft die Bahnlinie und man kann in weiter Ferne die Stadt Mo i Rana sehen. Von Bjerka sind es 32 Kilometer bis zur Industriestadt.

Mo i Rana – rund um Eisen und Stahl

Mo i Rana ist einer der wichtigsten Industriestandorte des Landes. Beinahe die gesamte norwegische Eisen- und Stahlproduktion liegt in dieser Region. Die Stadt wurde 1724 gegründet und war schon früh ein wichtiger Handelsplatz. Seit der zweiten Hälfte des 18. Jahrhunderts kamen regelmäßig die Samen hierher, um Waren wie Rentierfelle und getrocknetes Fleisch zu tauschen. Dann setzte der Schiffbau ein und mit dem Beginn des Erzbergbaus im Dunderlandsdalen begann die Industrialisierung. Mitte des 20. Jahrhunderts entstand hier das weltweit größte elektrisch betriebene Stahlwerk.

Mit der Wahl des Standortes **Mo i Rana** setzte man auch regionalpolitische Gedanken um. So sollte die dünn besiedelte und durch den Fischfang, die Land- und Forstwirtschaft monostrukturierte Region gefördert werden. Aufgrund der Hydroelektrizität und der Nähe zu den Eisenerzlagern im Dunderlandsdalen fiel die Wahl auf Mo i Rana. 1955 wurden Eisen- und Stahlwerke gebaut, was positive Auswirkungen auf die wirtschaftliche Struktur des gesamten Landes hatte. Seit Mitte der 1980er-Jahre ist die Eisen- und Stahlproduktion in Mo i Rana stark rückläufig und so produziert das Stahlwerk heute nicht mehr rentabel. Im Rana-Museum kann man sich über die industrielle Entwicklung der Stadt, den Erzabbau und die Erzverarbeitung sowie über das Leben der Samen informieren. In der Nähe des Museums befindet sich Moholmen mit zahlreichen unter Denkmalschutz stehenden Gebäuden.

Über die E6 verlassen wir die Industriestadt und erreichen nach zehn Kilometern den Ort **Skonseng**. An der Straße befindet sich ein schöner Rastplatz am Fluss. Hier steht eine große Infotafel, die über die beiden Hauptattraktionen der Region informiert. Über die gegenüberliegende Straße gelangen wir nach 22 Kilometern zum Ausgangspunkt des **Svartisengletschers**, nach weiteren acht Kilometern liegt die Höhle **Grønligrotta** vor uns (siehe Kasten). Wer den Gletscher sehen möchte, fährt die fünf Kilometer auf einer Schotterstrecke bis zum Parkplatz. Hier fährt jede volle Stunde ein Boot ab, das in 20 Minuten die andere Seite des **Svartisensees** erreicht. Eine rund drei Kilometer lange Wanderung führt hier zur Gletscherzunge Austerdalsisen. Leider ist man auf das Boot angewiesen, es gibt keinen Wanderweg vom Parkplatz zum Gletscher.

» SEHENSWERT

Grønligrotta
Die Grønligrotta gehört zu den spannendsten Höhlensystemen des Landes. Eine Führung dauert rund 45 Minuten und führt durch 400 Meter lange Gänge. Das Höhlensystem hat eine Gesamtlänge von 4.000 Metern, die Höhlentemperatur beträgt 6° C. An der Berghütte mit Informationsstelle befindet sich ein Parkplatz, den man über eine steile Auffahrt erreicht. Die Höhle ist beleuchtet, festes Schuhwerk ist dringend erforderlich.

Sonne über dem Polarkreis

Die Route führt weiter über die E6 durch das wildromantische Tal **Dunderlandsdalen**. Ab **Storforshei** hat man auf einer Strecke von 90 Kilometern keine Möglichkeit zum Tanken, also rechtzeitig vorsorgen! Vorbei am reißenden Fluss erreichen wir rund einen Kilometer südlich von **Storvollen** eine Hängebrücke, die wir überqueren. Hier stoßen wir auf einen hervorragenden Ausgangspunkt (mit Infotafel), um im **Saltjfellet Nationalpark** zu wandern. Weiter geht's allmählich bergauf und man erreicht rund 70 Kilometer nach **Skonseng** den **Polarkreis**. Gratulation! Der Ausgangspunkt Oslo ist nun rund 1.150 Kilometer entfernt.

Nostalgische Holzhäuser in Mosjøen

» SPECIAL

Der Polarkreis und die Mitternachtssonne

Der Polarkreis ist eine imaginäre Linie, die den Sonnengang markiert. Am nördlichen Polarkreis auf rund 66°33' nördlicher Breite ist zur Wintersonnenwende (21.12.) die Sonne kaum zu sehen, d. h. sie »berührt« gerade den Horizont. Zur Sommersonnenwende (21.6.) dagegen scheint sie auch um Mitternacht noch ein wenig. Vom Polarkreis sind es 3.300 Kilometer zum Nordpol und 6.600 Kilometer zum Äquator. Je weiter man vom Polarkreis nach Norden gelangt, desto mehr »Tage ohne Nächte« kann man im Sommer erleben. Neben der reizvollen und ursprünglichen Landschaft nördlich des Polarkreises ist das Erleben der Mitternachtssonne ein fast unbeschreibbares und immer wieder begeisterndes Naturschauspiel. So sitzt man mitten in der Nacht vor dem Wohnmobil und blickt in den leuchtenden Himmel, liest ein Buch oder lässt sich einfach die Sonne ins Gesicht scheinen. Klingt für uns Mitteleuropäer unwirklich – entspricht aber der Realität!
In den Wintermonaten müssen die Bewohner des Nordens das Sonnenlicht jedoch entbehren und die faszinierenden Polarlichter (Aurora borealis) sind dann nur ein schwacher Trost. Am Polarkreis wurde ein großes Informationszentrum eingerichtet. Die vielen Besucher können hier einen Poststempel erhalten, ein Zertifikat kaufen, im Souvenirgeschäft ein Mitbringsel erwerben oder im Restaurant speisen. Rund um das moderne Bauwerk sind auf großen Flächen kleine Steintrolle gebaut worden. Am Informationszentrum befinden sich große Parkplätze, die von Wohnmobilreisenden gerne zur Übernachtung genutzt werden. Info: 75 69 02 40.

Wandern im Saltfjell

Von nun ab geht es über die Europastraße 6 durch das Reich der Mitternachtssonne. Der Horizont über dem riesigen vegetationsarmen **Saltfjell** scheint unendlich zu sein, sodass uns eine Pause an den vielen einladenden Plätzen gerade recht kommt. Die herrliche Aussicht beim Kaffee sollte man jedoch eher vom Wohnmobil aus genießen, denn draußen ist man für etliche Mücken eine willkommene Beute. Von einer Höhe von rund 700 Metern geht es langsam wieder bergab, vorbei an wilden Stromschnellen des Flusses **Lønselva**. In **Storfjord** sollte man sich in dem erst 2005 eröffneten **Nordland Nationalparksenter** über die Nationalparks Junkerdal, Saltfjellet-Svartisen, Børgefjell, Rago und Møysalen informieren. Info: Tel. 75 69 24 00, www.nordlandnasjonalparksenter.no.

Faszination Landleben

Im Tal **Saltdalen** wird es wieder grüner und so fahren wir genüsslich durch Wälder. Links der Straße erreichen wir in **Kjelvik** einen Parkplatz vor einer außergewöhnlichen Sehenswürdigkeit. Es ist der Häuslerhof (Hussmannsplassen Kjelvik), ein alter kleiner Hof, der bis 1967 bewirtschaftet wurde. Der Däne Claus

» WANDERTIPP

Nationalparks

Die meisten Wohnmobilreisenden halten am Nordland Nationalparkzentrum nur auf der Durchreise und haben weder Zeit noch Geduld für eine Wanderung. Dabei gibt es direkt nebenan einen Campingplatz. Also, Handbremse anziehen und rein ins Vergnügen. Am informativen Erlebniszentrum beginnt ein lohnenswerter Wanderweg, der am südlichen Rand des Junkerdals-Nationalparks vorbeiführt. Zwei bis drei Stunden geht es durch das enge, wilde Tal Junkerdal am schönen Fluss Junkerdalsselva entlang. Zunächst erreicht man die Hängebrücke, die man überqueren muss, und nach 200 Metern stößt man auf einen Pausenplatz mit Info-Tafel. Die weitere Strecke geht immer am Fluss entlang und nach vier Kilometern gelangt man an die Junkerdal-Brücke in der Nähe von Solvågli. Hier tritt man die Wanderung zurück an.

Das Polarkreiszentrum informiert über den Norden Norwegens.

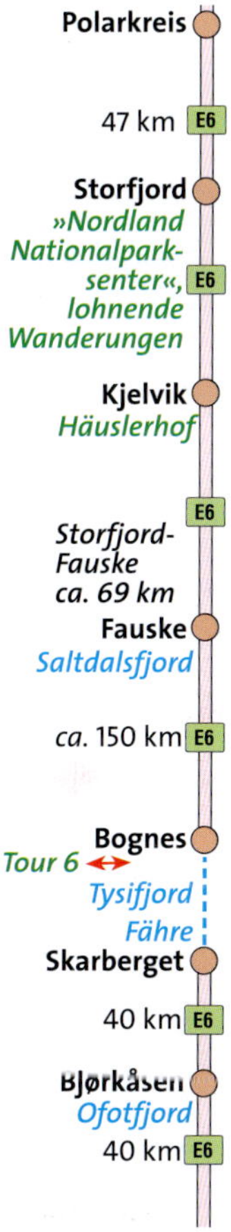

Rex lebt in den Sommermonaten mit seiner Familie in wirklich bescheidenen Verhältnissen und erzählt dem Besucher von dem entbehrungsreichen Leben auf diesem Hof. Nach einem Rundgang nehmen wir in der kleinen Wohnstube Platz und bekommen Waffeln serviert, die nach altem Rezept über dem offenen Feuer gebacken werden. Das schnuckelige Haupthaus ist von Schuppen umgeben, in denen man alte Arbeitsgeräte vorfindet.

Beeindruckt von dieser besonderen Attraktion geht es in nördlicher Richtung am **Saltdalsfjord** vorbei nach Fauske. Rund um die Stadt werden in vielen Schieferbrüchen edler Stein und Erze abgebaut. Der Marmor aus **Fauske** wird auch »Norwegische Rose« genannt und ziert so berühmte Gebäude wie beispielsweise den Kaiserpalast in Tokio oder das Haus der Vereinten Nationen in New York. Im weiteren Verlauf führt die Route am **Leirfjorden** entlang und am Ende des **Mørsvikfjorden** vorbei. Von **Fauske** sind es rund 150 Kilometer bis zum Fähranleger **Bognes**. Dieser Abschnitt ist landschaftlich reizvoll und von der tunnelreichen Strecke hat man immer wieder schöne Blicke auf die Fjorde, fährt durch Wälder und durch kleine Fjelle.

Der kleine Fähranleger Bognes ist durch die Fährverbindung nach **Lödingen** das Sprungbrett zu den Inselreichen **Vesterålen** und **Lofoten**. Hier schließt sich dann die Tour 6 – Vesterålen und Lofoten (Routenbeschreibung ab S. 120) an.

Wen es weiter Richtung Norden zieht, der muss auch mit der Fähre fahren. Von **Bognes** nach **Skarberget** benötigt die Fähre rund 25 Minuten (Info: 76 96 76 00). Dabei geht es über den **Tysifjord**, der die Europastraße 6 unterbricht. Nach 40 Kilometern erreicht der Reisende die Kleinstadt **Ballangen** und den großen Ofotfjord. Jetzt führt die E6 auf einer Strecke von 40 Kilometer immer am Fjord vorbei und man erreicht die interessante Hafenstadt **Narvik**, in der man sich umsehen und für die weitere Reise mit Proviant eindecken sollte.

Erzverladung in Narvik

Die lebendige Hafenstadt und Wintersportmetropole liegt auf einer Landzunge im **Ofotfjord** und zählt rund 20.000 Einwohner. Sie erhielt 1902 die Stadtrechte und ist besonders durch ihren gigantischen Erzverladehafen bekannt geworden. Nach der Fertigstellung der sogenannten »Lapplandbahn« – der Verbindung zwischen **Narvik** und dem schwedischen Kiruna – im Jahr 1903 entwickelte sich die Stadt rasch. Bis heute wurden

Skulptur mit spielenden Kindern in Narvik

über diese Eisenbahnlinie mehr als 500 Mio. Tonnen Erze nach Narvik transportiert. Tag für Tag erreichen 13 Güterzüge, die mitunter eine Länge von 400 Metern haben, den modernen Hafen. Die Erzverladeanlage auf dem Hafengelände ist übrigens die größte der Welt und somit unbedingt einen Besuch wert!

Außerdem sollte man sich eine Fahrt mit der Seilbahn auf den 770 Meter hohen Fagernerfjell nicht entgehen lassen. Hier hat man einen herrlichen Blick hinunter auf die Stadt und den Hafen. Weitere Sehenswürdigkeiten sind das kulturhistorische Ofoten-Museum, das Kriegsmuseum und die Felszeichnungen im Stadtteil Vassvik.

Wie gewohnt setzt sich die Reiseroute über die Europastraße 6 fort. Eine Brücke führt über die Bucht **Romsbaksbotn**, die an ihrem östlichen Ende mit 6,5 Kilometer Durchmesser die schmalste Stelle des Landes aufweist.

Weiter geht es durch das Inland in die Provinz **Troms** und durch das **Salangsdalen**. Wer Zeit hat, kann sich im Polar Zoo, dem nördlichsten Tierpark der Welt (Tel. 77 18 66 30, www.polarzoo.no), die Tierwelt der kalten Gefilde anschauen. Hier befindet sich auch ein Stellplatz für Wohnmobile (mit Strom).

Rechte Seite: Blick über Tromsø

Auf dem Weg nach Tromsø

93 Kilometer hinter **Narvik** erreichen wir das Örtchen **Setermoen** mit seinem kleinen Freilichtmuseum Bardu Bygdetun. Bei geringem Verkehrsaufkommen gelangen wir nach etwa 1,5 Stunden zum **Balsfjord** und wenig später in den kleinen Ort **Nordkjosbotn**. Hier biegen wir auf die E8 in westlicher Richtung ab. Die Strecke von 75 Kilometern führt uns nun nach **Tromsø**, eine der interessantesten Städte im Norden Europas, für deren Besuch man zwei Tage einplanen sollte. Vom Festland aus erreichen wir die Stadt über die 1036 Meter lange und 38 Meter hohe imposante **Tromsø-Brücke**. Von der großen Insel **Kvaløy** gelangt man über eine nicht weniger eindrucksvolle Verbindung in die »Hauptstadt des Nordens«: die 1200 Meter lange **Sandnessund-Brücke**.

Tromsø ist eine schöne und mit ihren Bürgern aus 100 verschiedenen Nationen eine durchaus weltoffene Stadt. Mit rund 62.000 Einwohnern ist sie die größte Stadt im hohen Norden und die Siebtgrößte in ganz Norwegen. Nahe am 70. Breitengrad und rund 400 Kilometer nördlich des Polarkreises gelegen, ist es dem warmen Golfstrom zu verdanken, dass ein Leben in dieser Region möglich ist. Im Sommer kann der Reisende nur selten mit hohen sommerlichen Temperaturen rechnen und so liegen die durchschnittlichen Julitemperaturen bei 12,4° C. Die Mitternachtssonne scheint hier in der Zeit vom 20. Mai bis zum 23. Juli und sorgt für eine unvergleichliche Lebendigkeit in der Stadt. Etwas ruhiger geht es im Winter zu, denn zwischen dem 27. November und dem 15. Januar herrscht Dunkelheit.

Die markante Eismeerkathedrale in Tromsø ist nicht zu übersehen.

» SPECIAL

Tromsø – Pforte zum Eismeer

Tromsø bietet einige Superlative, so zum Beispiel die nördlichste Universität oder auch die nördlichste Brauerei der Welt. Man nennt Tromsø auch die »Pforte zum Eismeer«, da von hier aus zahlreiche Polarexpeditionen gestartet wurden, wie von den berühmten Entdeckern und Forschern Nansen, Andre und dem bekannten Ronald Amundsen. Im Hafen von Tromsø erinnert ein Amundsen-Denkmal an den großen norwegischen Abenteurer, der 1914 als erster Mensch an den Südpol gelangte.

Imposante Gebäude: Da die Stadt im Zweiten Weltkrieg im Gegensatz zu vielen anderen norwegischen Regionen von den Bombenangriffen verschont blieb, stößt der Besucher auf eine Vielzahl alter, eindrucksvoller Gebäude. Schon der Name Eismeerkathedrale weckt unsere Neugierde. Das Gotteshaus gehört zu den imposantesten Bauwerken nördlich des Polarkreises und gilt als das Wahrzeichen der Stadt. 1965 wurde es eingeweiht und verfügt über eine triangelförmige Architektur. Auch das Innenleben kann sich sehen lassen: Ein 23 Meter hohes Glasmosaik mit insgesamt 86 Glasfeldern zeigt die Wiederkehr Christi. Neben der Eismeerkathedrale gibt es in der Stadt zwei weitere interessante Kirchen. Die Domkirche im Stadtzentrum wurde 1861 erbaut und ist nicht nur die nördlichste Domkirche, sondern zugleich auch eine der größten Holzkirchen der Welt. Ebenfalls im Stadtzentrum steht die katholische Kirche, die 1989 von Papst Johannes Paul II. besucht wurde. Zu den weiteren Sehenswürdigkeiten gehört das Stadtmuseum Tromsø Museum, das umfangreichste Museum in Nordnorwegen mit Exponaten zum Thema Natur und Kultur in Nordnorwegen und der Arktis. Die Polargeschichte wird im Polarmuseum näher beleuchtet und das nordnorwegische Kunstmuseum zeigt Malereiausstellungen, Zeichnungen, Grafik, Fotografie, Skulpturen, Textil- und Kunsthandwerk. Lohnenswert ist auch ein Besuch im Heimatmuseum (Skansen), das sich in einem alten »Tollboden« befindet, der im Jahr 1789 auf einem Festungswall erbaut wurde. Hier sind kulturgeschichtliche Sammlungen aus dem 19. Jahrhundert sowie Gemälde und Fotografien zu finden. Sehr informativ ist auch das Nordlichtplanetarium (Breivika), das nördlichste Planetarium der Welt. Hier kann man das Nordlicht (Aurora borealis) und die Mitternachtssonne erleben. Die jüngste Attraktion der Stadt ist das »Polaria«, ein Wissens- und Erlebniszentrum rund um das Thema Polarregion und Barentssee. In einem großen Aquarium sind arktische Robben und Fische zu sehen. Wer sich die Stadt und die umliegenden großen Inseln mal aus luftiger Höhe ansehen will, den zieht es zum Berg »Storstein«. In Tromsdalen befindet sich die Seilbahn, die den Besucher auf den 420 Meter hohen Berg befördert, auch eine Wanderung dort hinauf ist nicht unattraktiv. Die Stadtinfo befindet sich in der Storgata 61 – 63, Tel. 77 61 00 00, www.destinasjontromso.no.

Stadtgeschichte: 1794 erhielt Tromsø die Stadtrechte, 1803 wurde es Bischofssitz und 1814 Hauptstadt der Provinz Troms. Anfang des 19. Jahrhunderts setzte der wirtschaftliche Aufschwung ein, der durch die Heringsfischerei begünstigt wurde. Auch Robben, Eisbären und Wale wurden zu dieser Zeit im nördlichen Eismeer vermehrt gejagt. Verbunden mit dem wirtschaftlichen Aufschwung war somit ein rasches Wachstum der Stadt garantiert. In den 1930er-Jahren konnte man durch die Dampfschifffahrt eine wichtige Verbindung mit anderen Städten, u. a. mit Trondheim, aufbauen. Heute ist Tromsø eine attraktive Seefahrer- und Handelsstadt von überregionaler Bedeutung, denn 1982 wurden vor der Küste Tromsøs Gasfelder entdeckt, die ein weiteres wirtschaftliches »Standbein« darstellen. Viele Menschen im Raum Tromsø profitieren von den Offshore-Aktivitäten.

Kulturvergnügen: Der Reisende wird die Stadt auf Anhieb als freundliche und lebendige Stadt einstufen, was an den vielen kulturellen Einrichtungen, an der gepflegten Innenstadt mit den zahlreichen Geschäften und am pulsierenden Nachtleben liegt. Tromsø verfügt über eine hohe »Kneipendichte«, an den langen Abenden und somit kurzen Nächten herrscht hier ein reges Treiben. Ausgeschenkt wird u. a. das Tromsøer Bier MACK, gebraut in der nördlichsten Brauerei der Welt, die man auch besichtigen kann. Die Kneipen-, Restaurant- und Kulturszene hat der Stadt den weiteren Beinamen »Paris des Nordens« eingebracht. Nicht nur den mitternächtlichen Spaziergang nach einem Kneipenbesuch behält der Urlauber in ewiger Erinnerung, sondern auch die beeindruckende weiße Eismeerkathedrale.

Idylle am Kåfjord

Die Welt der Fjorde

Wir verlassen Tromsø über die E8 und erreichen in Nordkjosbotn die Europastraße 6. Zügig geht es weiter in nördlicher Richtung – eine herrliche Fahrt durch einsame Landstriche an der Küste entlang. Am Fjord **Storfjorden** halten wir an einem Parkplatz und genießen den Panoramablick. Nun häufen sich die Fjorde auf unserem Weg: Nachdem wir den **Kåfjord** umfahren haben, geht es an den Ufern des Fjords **Lyngen**, des Sunds **Rotsundet**, des **Reisafjords** und des Mini-Fjords **Straumfjord** vorbei. Die Strecke ist einfach überwältigend. Immer wieder halten wir an, um mit unserer Kamera ein paar Ausschnitte – z. B. einen der zahlreichen mächtigen Wasserfälle – für die Ewigkeit und unsere Erinnerung zu Hause festzuhalten. Unbesorgt können wir uns ein wenig von der ursprünglichen Naturlandschaft treiben lassen, denn verfahren kann man sich auf der einspurigen E6 nicht! Vereinzelt stoßen wir auf kleine Städte, wie auf **Storslett** (Info-Büro Reisa Nationalpark), wo wir auftanken und einkaufen.

Zu Gast bei den Samen

Von Storslett sind es immerhin 166 Kilometer zum nächsten Städtchen **Alta**. Dazwischen erreicht man die Provinzgrenze von **Finnmark** – der nördlichsten Provinz Norwegens und gleichzeitig dem nördlichsten Verwaltungsbezirk in Europa. Man wird auf der weiteren Route zum Nordkap schnell feststellen, dass die wenigen Orte hauptsächlich an der Küste liegen. Davon abgesehen ist die Region nahezu menschenleer. Statistisch betrachtet liegt die Einwohnerzahl in der Finnmark bei einem Einwohner pro Quadratkilometer. In den Fjellen wie der großen **Finnmarksvidda** kann es somit vorkommen, dass man tagelang unterwegs ist, ohne eine Menschenseele zu treffen. Nur Rentiere sind hier unsere ständigen Wegbegleiter.

In der Provinz Finnmark leben noch an die 40.000 Samen. Das einstige Nomadenvolk ist heute überwiegend sesshaft. Die Rentierwirtschaft ist eine wichtige wirtschaftliche Grundlage für die ethnische Minderheit. Die Samen treiben die großen Rentierherden ganz modern mit dem Motorrad und dem Helikopter zusammen. Zunehmend gewinnt der Fremdenverkehr an Bedeutung, das zeigen auch die vielen Touristenläden. Viele stehen als eine Art Camp an der Hauptroute der E6. In **Alta** ist der Aufenthalt Pflicht, denn hier sollte nach den vielen landschaftlichen Highlights im Land der Fjorde das kulturelle Interesse wieder im Vordergrund stehen.

Alta – wichtig für die Region

Weit im Norden des Landes, am 70. Breitengrad und am Südende des **Altafjorden** liegt **Alta**. Rund 15.000 Menschen verdienen sich in der Kleinstadt ihren Lebensunterhalt vorrangig mit dem Fischfang, doch auch die Landwirtschaft, insbesondere die Holzverarbeitung, die Nahrungsmittelindustrie sowie der Syenitbergbau sind weitere wichtige Erwerbsquellen. Der Tourismus spielt hier (noch) eine untergeordnete Rolle.

Bekannt sind Altas Schieferbrüche, der Abbau des Schiefers sorgte einst für eine rasche Stadtentwicklung. Heute exportieren die Norweger den Schiefer aus dieser Region in 20 Länder, so stammt beispielsweise der Fußboden im New Yorker UN-Gebäude aus Alta. Sehenswert ist in diesem Zusammenhang die sieben Tonnen schwere Schieferskulptur des finnischen Bildhauers Raimo Utriainen im Ortszentrum.

In der Stadt trifft der Besucher auf breite Straßen, an denen sich zahlreiche Kauf- und Wohnhäuser entlang reihen. Seit Jahrhunderten zieht es die Samen nach Alta, um am traditionellen Jahrmarkt teilzunehmen. Rentier-

» SEHENSWERT

Alta Museum

Eine der interessantesten Sehenswürdigkeiten in der Finnmark ist das Alta Museum mit den Felszeichnungen im Ortsteil Hjemmeluft. Das Museum wurde 1991 eröffnet und ist nach museumspädagogischen Gesichtspunkten konzipiert worden. Das interessante Bauwerk erhielt auch einen Architekturpreis. Der Besucher kann auf zwei Etagen mit insgesamt 650 m^2 Ausstellungsfläche informative Sammlungen bestaunen. Neben den wechselnden Kunstausstellungen sind die Felszeichnungen außerhalb der Gebäude der wohl wichtigste Teil des Museums. Sie sind in die Kulturdenkmäler-Liste der UNESCO (World Heritage List) aufgenommen worden. Der staunende Besucher geht über einen rund fünf Kilometer langen Fußweg vorbei an vielen Felsen, in die vor rund 2.500 bis 6.500 Jahren Felszeichnungen geritzt wurden. Insgesamt wurden rund um den inneren Altafjord im Jahr 1973 rund 3.000 einzelne dieser »Ritzbilder« entdeckt. Damit man die Zeichnungen besser erkennen kann, wurden sie präpariert und die geritzten Kerben mit roter Farbe hervorgehoben. Das Hjemmeluft-Feld ist das bedeutendste seiner Art und erstreckt sich heute zwischen acht und 26 Meter über dem Meeresspiegel. Info: Tel. 78 45 63 30, www.alta.museum.no

Die Felszeichnungen in Alta muss man gesehen haben.

Besticht durch moderne Architektur – die Kirche von Hammerfest.

fleisch, Felle, Kleidung und vieles mehr werden hier zum Kauf angeboten.

Eine der Hauptattraktionen ist der größte nordeuropäische Canyon etwas außerhalb der Stadt. Er liegt am Altaelva südlich der Stadt. Der Fluss steht auch bei Anglern hoch im Kurs, da er zu den besten Lachsflüssen der Welt gehört. Sehenswert in Alta sind ebenso die Felszeichnungen (siehe Kasten S. 69).

Abstecher in die nördlichste Stadt der Welt

Wir verlassen Alta auf der E6 und machen uns auf den Weg durch das Inland. Zunächst geht es durch das Tal **Stokkedalen**, dann durch das auf rund 400 Meter Höhe liegende Fjell **Seenlandet** und durch das Tal **Breidalen**, in dem der wilde **Repparfjordelva** fließt. 114 Kilometer nach Alta erreichen wir die Ortschaft **Skaidi**. Hier muss man sich entscheiden, ob die Route weiter Richtung Nordkap führen soll oder ob man einen Abstecher (ca. 60 bzw. 120 Kilometer) zur Stadt **Hammerfest** machen möchte. Wer sich für diesen lohnenden Umweg entscheidet, fährt über die Reichsstraße 94 und erreicht nach rund einer Stunde Fahrzeit die Stadt Hammerfest.

Kaum eine norwegische Stadt ist so bekannt wie Hammerfest. Es ist die nördlichste Stadt der Welt, beheimatet rund 7.000 Bewohner und liegt auf der Insel **Kvaløy**. Jährlich zieht es rund 250.000 Touristen nach Hammerfest, gerade in den Sommermonaten wird die Stadt von Besucherströmen überrollt. Das liegt vor allem an der Mitternachtssonne, die vom 13.5 bis zum 29.7. scheint. In der Winterperiode dagegen herrscht in der Zeit vom 21. November bis zum 21. Januar Dunkelheit. So ist es nicht verwunderlich, dass in Hammerfest im Jahr 1890 Europas erste Straßenbeleuchtung installiert wurde.

Doch es scheint so, als wollte Hammerfest mit seinen vielen bunten Holzhäusern der langen Phase der Dunkelheit einen Kontrast entgegensetzen. Hammerfest trotzt auch der peripheren nördlichen Lage und verfügt über eine gesunde Wirtschaft, die auf Fischfang und Fischverarbeitung basiert. Dank des Golfstroms verfügt es nämlich über einen ganzjährig eisfreien Hafen, was ausschlaggebend für seine wirtschaftliche Entwicklung war und ist. Die Firma Nestlé-FINDUS gehört zu den weltweit modernsten Fischveredelungsbetrieben und ist der größte Arbeitgeber der Stadt.

Einen Besuch im Hafen sollte man sich nicht entgehen lassen. Er ist ein wichtiger Ausgangspunkt für die Eismeerfischerei, Anlaufpunkt der Hurtigrutenschiffe und Startpunkt für viele Expeditionen nach Spitzbergen. Außerdem liegt hier die Versorgungsstation für die Erdöl-Bohrplattformen in Leirvika.

Natürlich hat die nördlichste Stadt der Welt noch mehr zu bieten als einen interessanten Hafen und so sollte man sich mal in der Stadt umsehen. Beeindruckendstes Bauwerk ist die weiße triangelförmige Kirche von 1961 mit einem herrlichen Glasmosaik in der Giebelwand. Im Sommer kann man jeden Abend einem Kirchenkonzert lauschen. Die St. Michaels Kirche von 1958 ist die Versammlungsstätte der nördlichsten katholischen Gemeinde. Rund 400 Meter entfernt lockt das Rathaus mit einer besonderen Attraktion: In »The Royal and Ancient Polar Bear Society«, im Eisbärenclub, kann man einen echten (präparierten) Eisbären bewundern. Im Rah-

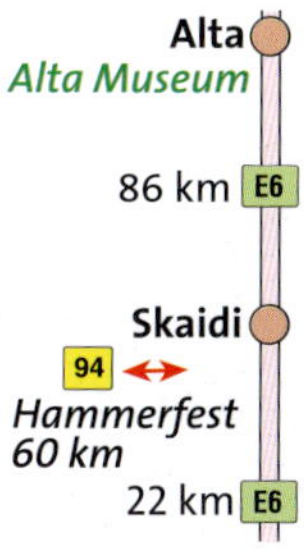

Bärenskulpturen vor dem Rathaus in Hammerfest

Ein Regenbogen ist im Norden des Landes häufig zu sehen.

men einer Ausstellung lernt man spannende Dinge rund um das Thema Eisbären.

Der größte bisher erlegte Eisbär thront mit stolzen 2,98 Metern natürlich auch lebensecht in der Stadt der Superlative. Als Entspannung nach den abenteuerlichen Entdeckungen bietet sich eine Rast am Springbrunnen vor dem Rathaus an.

Tunnelerlebnisse unter dem Meeresspiegel

Wir fahren die rund 60 Kilometer lange Strecke wieder zurück nach **Skaidi** und stoßen auf die wohlvertraute E6, die 22 Kilometer durch das Inland zum Ort **Olderfjord** am gleichnamigen kleinen Fjord führt. In nördliche Richtung geht es nun an der östlichen Küste der Halbinsel **Porsanger** am **Porsangerfjorden** entlang. Nach rund 70 Kilometern erreichen wir den **Nordkaptunnel**. Die Durchfahrt des 6.875 Meter langen Tunnels zur Nordkap-Insel **Magerøya** ist mautpflichtig. Die Benutzungsgebühr ist abhängig von der Länge des Fahrzeugs und der Personenzahl (Klasse 1: bis 6 Meter, Klasse 2: über 6 Meter Info: www.nordkappbomgengeselskap.no). Wir fahren nun beachtliche 212 Meter unter der Meeresoberfläche des Sunds **Magerøyasundet** und gelangen an der Tunnelausfahrt auf die Insel **Magerøya** – die nördlichste Insel Europas. Durch den folgenden 4.443 Meter langen **Honnigsvågtunnel** erreichen wir den interessanten Ort **Honningsvåg**.

Honningsvåg

Honningsvåg ähnelt einer gemütlichen Kleinstadt. Allerdings hat es keine Stadtrechte und so kann sich Hammerfest mit dem Titel »Nördlichste Stadt der Welt« brüsten, obwohl eigentlich Honningsvåg am nördlichsten Ende Europas liegt.

Der Ort blickt auf eine traurige Geschichte zurück. Nach dem Rückzug der deutschen Truppen im Jahr 1944 wurde er nahezu vollständig zerstört, nur die Kirche blieb als mahnendes Bauwerk inmitten der Trümmer stehen. Honningsvåg musste planmäßig wiederaufgebaut werden. Es entstand einer der größten Häfen Nordnorwegens. Rund 5.000 Schiffe – u. a. die Hurtigrutenschiffe – laufen alljährlich den Hafen an. Er ist der viertgrößte Anlaufhafen für Kreuzfahrtschiffe in Norwegen. Wichtigste Einnahmequelle sind der Fischfang und die Fischverarbeitung und so befindet sich in dem Ort auch eine Fischereifachschule. Dem Besucher bleibt nicht verborgen, dass insbesondere in den Sommermonaten der Fremdenverkehr eine große Rolle spielt. Die Besucher finden eine gute touristische Infrastruktur vor und können sich in dem kleinen Nordkap-Museum über das Leben am 71. Breitengrad anschaulich informieren. Mitte Juni wird in Honningsvåg jedes Jahr ein großes Sportereignis veranstaltet. Beim Nordkapmarsch machen sich Läufer aus aller Welt auf den Weg zum 35 Kilometer entfernten **Nordkap**.

Auf dem Weg zum Highlight der Reise

Auch wir Wohnmobilreisende machen uns von **Honningsvåg** auf, um das Nordkap zu entdecken. Auf der E69 sind wir auf der kargen und unwirtlichen Insel unterwegs. Kaum vorstellbar, dass sich hier trotz der arktischen Temperaturen und der langen Polarnächte im Winter Menschen niedergelassen haben. Das Landschaftsbild dieser »Magerinsel« ist monoton und gekennzeichnet durch samtartig mit Gras überzogene Hügel, tief einschneidende Fjorde, viele Halbinseln und zerklüftete Felsen. Nur die weißen Wollgrasflächen bringen ein wenig Abwechslung in das grüne und felsengraue Erscheinungsbild. Der 417 Meter hohe **Gråkofjellet** im Westen ist die höchste Erhebung der Insel, im Norden liegt mit **Skarsvåg** die nördlichste Siedlung Norwegens.

So artenarm wie sich die Flora zeigt, so artenarm präsentiert sich auch die Tierwelt. Im Sommer ist die Insel Weideland für rund 6.000 Rentiere der Karasjoker Samen. Es werden hier nur sehr selten sommerliche Temperaturen erreicht, nur mit viel Glück klettert das Thermometer auf 20° C. Der Winter ist allerdings wesentlich milder als anderswo auf der Welt entlang des 71. Breitengrades, dafür sorgt der Golfstrom mit seinen »warmen« Wassermassen. Dennoch werden rund 200 Tage im Jahr mit Schnee und Frost registriert.

Am nördlichen Ende der Insel steht der imposante **Nordkapfelsen**, das Ziel einer langen und teils abenteuerlichen Route. Nach rund 2.100 Kilometern durch Norwegen haben wir hier nun in der Tat unseren persönlichen Höhepunkt der Norwegenreise erreicht. Hinter uns liegt eine Strecke, die sogar kleinste Weltkarten offenbaren.

Nordkap – am Ziel

Streng genommen ist gar nicht das Nordkap der nördlichste Punkt Europas, sondern die benachbarte Landzunge **Knivskjellodden**. Wenn es nicht gerade neblig ist um das Nordkap, was leider nicht selten vorkommt, hat man eine herrliche Aussicht auf das gegenüberliegende Fleckchen Land. Knivskjellodden liegt mit 71°11'48" etwas nördlicher als das Nordkap mit 71°10'21" nördlicher Breite. Der Irrtum, das Nordkap sei der nördlichste Punkt Europas, geht auf den Meisterseefahrer Richard Chancellor zurück, der im 16. Jahrhundert den nordwestlichen Seeweg nach China segelte. Er passierte den steilen und markanten Felsen, hielt ihn für den nördlichsten Punkt und ernannte ihn somit zum »Nordkap«.

Auf dem imponierenden Felsen befindet sich in 307 Meter Höhe über dem Meeresspiegel ein Plateau mit dem bekannten »Nordkap-Globus«. Er wurde in den 1970er-Jahren von der Vereinigung »Nordkap Vel« aufgestellt und wird bis heute von unzähli-

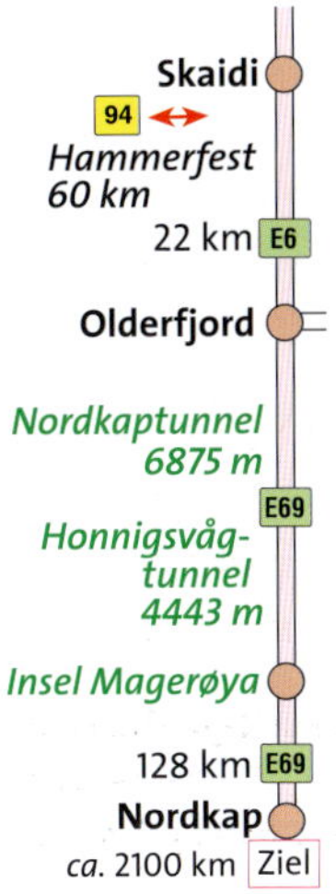

Die weiße Holzkirche von Honningsvåg

Bei Mitternachtssonne versammeln sich die Touristen am Globus auf dem Nordkap.

Rechte Seite: Der Globus ist das Ziel einer langen Reise.

gen Reisenden belagert, die hier ihre »Beweisfotos« schießen. Die meisten Besucher kommen zwischen dem 14. Mai und dem 30. Juli, um die »Tage ohne Nächte« zu erleben. Wer sich in den 1970er-Jahren zum Nordkap aufmachte, fühlte sich wie ein Pionier, denn er war auf Schotterstrecken unterwegs und wurde mit der Fähre auf die Insel **Magerøya** befördert. Heute reist man komfortabler, z. B. mit dem Reisebus oder mit dem autarken Wohnmobil.

Im Besucherzentrum können die Reisenden bei kühlen Temperaturen den herrlichen Ausblick auf den Horizont genießen. Die viel besuchte Nordkaphalle wurde 1988 erbaut, 1997 renoviert und erweitert. Auf vier Etagen, die in die Klippen hinein gebaut wurden, findet man u. a. einen Souvenirshop, der zu den größten in Norwegen gehört, und das nördlichste Postamt der Welt. Die Urlaubskarten erhalten hier einen Sonderstempel und wenn im dichten Nebel das Beweisfoto nicht gelungen ist, kann man sich stattdessen ein Nordkapdiplom kaufen. Auch heiratswillige Paare zieht es hierher, um sich in der kleinen Kapelle, die weit in der Klippe liegt, das Jawort zu geben.

Zu den weiteren Rekorden gehört die nördlichste Bar der Welt, die durch große Scheiben einen herrlichen Ausblick Richtung Norden auf die nur selten zu sehende Mitternachtssonne bietet. Ein Highlight ist das Kino mit fünf Projektoren, die auf eine 225 Grad umspannende Leinwand beeindruckende Bilder werfen und von dem Leben auf der Insel während der vier Jahreszeiten erzählen.

Der große Parkplatz an diesem Besucherzentrum ist kostenpflichtig. Hier stehen zahlreiche Wohnmobile, Wohnwagen, Pkw und Busse. Auf dem Parkplatz kann man auch übernachten. Der Campingplatz »Kirkeporten Camping« befindet sich rund 14 Kilometer südlich. Info Nordkaphalle:
Tel. 78 47 68 60, www.visitnorthcape.no.

» WANDERTIPP

Zum nördlichsten Punkt
Hier locken die Superlative mehr als die Natur, durch die man wandert! Ein neun Kilometer langer Wanderweg führt von der Straße E69 (ca. sechs Kilometer südl. vom Nordkap) zum wirklich nördlichsten Punkt Europas, der Landzunge Knivskjellodden. Dieser Wanderweg bietet Ausblicke auf das Nordkap. Auf der Landzunge erreicht man dann die »Jahr-2000-Pyramide«, wo man sich in die Liste des »Wandervereins auf Knivskjellodden« eintragen kann.

PRIDE OF FLANDERS

» ADRESSEN

Strecke: überwiegend E6
Fähre: Bognes–Skarberget

Touristeninformationen

Mosjøen (Altstadt): C. M. Havigsfate 39–41, 8656 Mosjøen, www.visithelgeland.com.
Tromsø: Storgata 61–63, 9253 Tromsø, Tel. 77 61 00 00, www.destinasjontromso.no.
Alta (Stadtzentrum): Parksenteret, 9504 Alta, Tel. 78 44 50 50, www.altatours.no
Hammerfest: Sjøgata 6, 9615 Hammerfest, Tel. 78 41 21 85, www.hammerfest-turist.no
Nordkap (Honnigsvåg): Fiskeriveien 4, 9751 Honnigsvåg, Tel. 78 41 21 85, www.northcape.no

Karten

Kümmerly + Frey Nr. 1–5 (1 : 400.000). Sinnvoll ist der Autoatlas »Norden« von Statoil und Shell (an norwegischen Tankstellen!)
GPS-Daten der kompletten Tour finden Sie im Internet unter www.bruckmann.de.

Campingplätze

Oppdal (N62°29'04,5" – E09°34'46,8")
Südlich von Oppdal, links unterhalb der E6 befindet sich der Campingplatz »Magalaupe Camping«. Er hat eine gute Lage in der Nähe zur Schlucht Magalaupe und dem Dovrefjell Nationalpark.
Tel. 72 42 46 84, www.magalaupe.no

Berkåk (N62°51'57,5" – E11°04'25,8")
An der E6, 7 Kilometer südlich von Berkåk, liegt »Halland Camping«. Der gepflegte Campingplatz hat ebene Wiesenstellplätze und bietet Spielgeräte für Kinder und ein Kleintiergehege sowie Angeln im Fluss.
Tel. 72 42 59 33, www.hallandcamping.no.

Steinkjer (N64°06'35,2" – E11°34'41,4")
Rund 20 Kilometer nördlich von Steinkjer hat der Campingplatz »Føllingstua« eine idyllische Lage am Snåsasee und ist gut über die Europastraße 6 zu erreichen. Der familienfreundliche Platz ist sehr umfangreich ausgestattet und bietet auch die Möglichkeit ein Boot auszuleihen, mit dem man dann den großen Snåsasee entdecken kann.
Følling, 7732 Steinkjer, Tel. 74 14 71 90, www.follingstua.com.

Trones (N64°44'38,0" – E12°50'39,9")
Wer mit Kindern unterwegs ist und direkt am Freizeitpark übernachten möchte, wird sein Wohnmobil auf dem Campingplatz »Namsskogan Hotell og Campingplass« aufstellen. Der Vier-Sterne-Platz ist sehr gut ausgestattet und eine Tankstelle steht auch zur Verfügung.
Tel. 74 33 36 00, www.namsskogan-familiepark.no.

Brekkvasselv (N64°50'34,4" – E13°03'25,0")
15 Kilometer nördlich vom Namsskogan Familiepark in der Ortschaft Brekkvasselv befindet sich »Elvaheim Camping«. Er ist einfach ausgestattet und liegt an dem Fluss Namsen. Die Stellplätze sind alle eben. Tel. 74 33 41 32

Mosjøen (N65°50'02,8" – E13°13'11,6")
Am Ortseingang, links von der E6 liegt »Mosjøen Camping«. Ein kleiner Spaziergang führt den Besucher in die sehenswerte Altstadt. Tel. 75 17 79 00

Bjerka
Rund 200 Meter von der E6 entfernt, in dem kleinen Ort Bjerka, befindet sich »Bjerka Camping«. Der breite Fluss Bjerka liegt direkt nebenan und lädt zum Bootfahren ein (mit Bootsverleih). Die Stellplätze sind eben und ein Kiosk ist vorhanden.
Tel. 75 19 05 47, www.bjerkacamping.no

Mo i Rana (N66°24'08,7" – E14°25'25,6")
Der Campinglatz »Storli Camping« liegt rund 20 Kilometer nördlich von Mo i Rana (nahe der E6) und ist einfach ausgestattet. Tel. 75 16 02 32

Storforshei (N66°22'55,7" – E14°35'28,7")
Der Campingplatz »Skogly Camping« liegt im Dunderlandsdalen, einige Kilometer nördlich der Ortschaft Storforshei. Dieser kuschelige und gepflegte Platz liegt rund 200 Meter oberhalb der E6, verfügt über ein ebenes Wiesengelände und bietet Blicke auf die umliegenden Berge.
Tel. 75 16 01 57, www.skoglyovernatting.com

Saltdal (N66°48'48,7" – E15°24'32,0")
Im Tal Saltdal in Storfjord befindet sich der Campingplatz »Saltdal Turistsenter«, nahe der E6. Der 4-Sterne-Platz ist erwartungsgemäß gut ausgestattet:
Tel. 75 68 24 50, www.saltdal-turistsenter.no.

Rognan (N67°06'10" – E15°24'51,6")
»Rognan Fjordcamp« liegt am kleinen Saltdalsfjorden rund 500 Meter vom Ortskern entfernt. Er entspricht einem hohen Standard und hat auch einen Bootsverleih.
Tel. 75 69 00 88, www.fjordcamp.com

Ballangen (N68°20'33,5" – E16°51'45,7")
Zu einem der schönsten Plätze der Provinz Nordland gehört »Ballangen Camping«. Er liegt am Ofotfjord und wurde 2001 zum besten norwegischen Campingplatz gewählt. Entsprechend gut ist die Ausstattung mit Sauna, Schwimmbad, Tennisplatz und Minigolf sowie Bootsverleih. Die Stellplätze sind eben.
Tel. 76 92 76 90, www.ballangencamping.com

In Norwegen findet der Reisemobilist meist eine hervorragende Infrastruktur.

Narvik (N68°26'45,1" - E17°27'09,4")
Rund 2 Kilometer nördlich von Narvik am Rombaksfjord befindet sich »Narvik Camping«. Er kann dem Camper viel bieten und verfügt auch über einen Badeplatz.
Tel. 76 94 58 10, www.narvikcamping.no

Im Stadtgebiet stehen einige öffentliche Parkplätze für Reisemobile zur Verfügung. Sie sind als »Tourist Parking« gekennzeichnet.

Skibotn
Auf dem Campingplatz »Olderelv Camping« in dem Ort Skibotn stehen rund 40 Plätze für Wohnmobilreisende zur Verfügung. Der 4-Sterne-Campingplatz ist gut ausgestattet und über die E6 zu erreichen.
Tel. 77715444, www.olderelv.no

Tromsø (N69°33'53,9" - E19°00'58,7")
2,5 Kilometer vom Stadtzentrum entfernt, am Fluss Tromsdalselva, befindet sich »Tromsø Camping« mit ebenen Stellplätzen. Zur Stadt geht man über die Tromsøy-Brücke. Der Platz ist ganzjährig geöffnet:
Tel. 77 63 80 37, www.tromsocamping.no.

Birtavarra (N69°29'25,8" - E20°49'31,7")
Zwischen der E6 und dem Fluss Kåfjordelva, am inneren Fjord Kåfjord, liegt »Birtavarra Camping«. Tel. 77 71 77 07

Storslett (N69°50'19,7" - E21°12'38,1")
Der Campingplatz »Fosselv Camping« befindet sich 11 Kilometer nördlich von Storslett. Über einen rund zwei Kilometer langen Wanderweg gelangt man zum Fosselv-Wasserfall (64 Meter freier Fall).
Tel. 77 76 49 29, www.fosselv.camping.no.

Burfjord (N70°01'31,3" - E22°05'58,7")
12 Kilometer nördlich der Ortschaft Burfjord am gleichnamigen Fjord liegt in Alteidet der Campingplatz »Alteidet Camping«. Tel. 77 76 93 57

Alta (N69°55'39,1" - E23°16'09,4")
Rund 4 Kilometer südlich von Alta, nahe des Ortsteils Øvre Alta, über die Reichsstraße 93 zu erreichen, befindet sich »Wisløff Camping«. Er wurde zum norwegischen Campingplatz des Jahres 2000 gekürt und ist gut ausgestattet:
Tel. 78 43 43 03, www.wisloeff.no

Hammerfest (N70°33'09,5" - E23°39'36,5")
In Hammerfest steht »Hammerfest Turistsenter« dem Reisenden zur Verfügung. Tel. 78 41 11 26

Olderfjord (N70°23'42,5" - E25°04'00,5")
Nahe Olderfjord (Porsangerfjord) in der Siedlung Russenes befindet sich der Campingplatz »Russenes Camping«. Viele Stellplätze stehen zur Verfügung und Boote können ausgeliehen werden. Tel. 78 46 37 11, www.olderfjord.cjb.no

Nordkap (N71°06'27,4" - E25°43'46,2")
14 Kilometer südlich vom Nordkap, auf der Insel Magerøya befindet sich der Campingplatz »Kirkeporten Camping« in der Nähe des Dorfes Skarsvåg. Er ist der nördlichste Campingplatz der Welt. Tel. 78 47 52 33

3 RUND UM DEN OSLOFJORD

Unterwegs in der lebendigsten Region Norwegens

Start- und Endpunkt: Oslo **Strecken:** gut ausgebaute Straßen **Beste Jahreszeit:** April bis Oktober **Fahrtzeit:** 7–10 Tage (ohne Anreise) **Streckenlänge:** ca. 400 km

Norwegen »mal anders«: Auf dieser Tour zeigen wir Ihnen, dass Norwegen weit mehr ist als das stereotype Bild von Fjorden und Holzhäuschen in weiter Einsamkeit. Mit dem Wohnmobil und auf einigen Fähren fahren wir von einem pittoresken Städtchen zur nächsten modernen Metropole und entdecken das Land von einer ganz anderen, doch nicht weniger interessanten Seite.

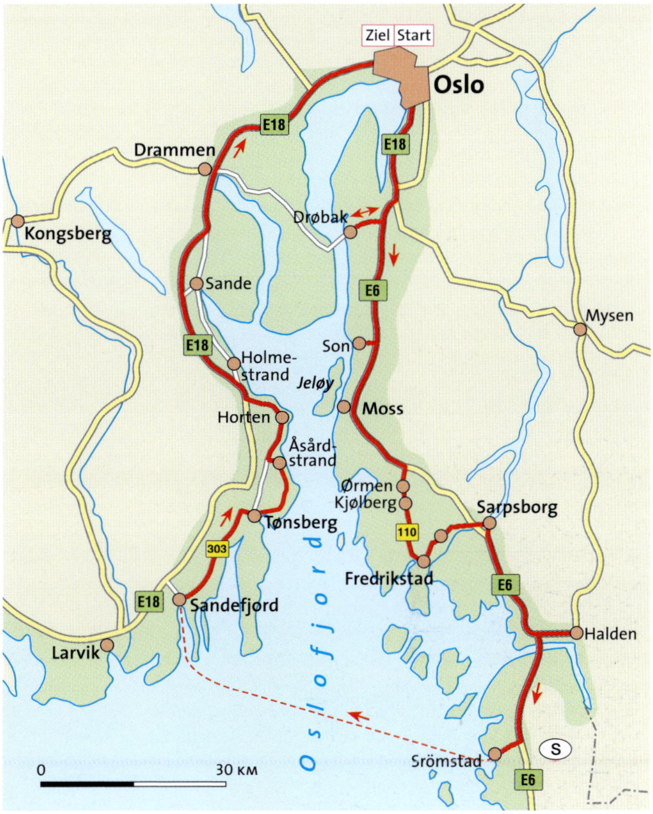

Mit der Fähre erreichen wir bequem und ausgeruht die norwegische Hauptstadt. Bereits die Fährfahrt durch den **Oslofjord** weckt die Neugierde. In dieser Region ließen sich die Menschen schon sehr früh nieder, was die zahlreichen kulturhistorischen Zeugnisse wie die rund 6.000 Jahre alten Felszeichnungen noch heute beweisen. Die Wikinger fühlten sich am Oslofjord offensichtlich auch wohl, denn genau hier grub man einst die weltberühmten Wikingerschiffe aus.

Tønsberg ist die älteste Stadt des Landes und **Oslo** die Größte. Im Großraum Oslo lebt rund eine Million Menschen. Ein Ballungsraum, den man nicht meiden sollte, denn Oslo gehört zu den schönsten und interessantesten Metropolen der Welt mit einer freundlichen Innenstadt und einer Handvoll hochrangiger Attraktionen wie z. B. Holmenkollen, Wikingerschiffsmuseum, Munch-Museum, Vigeland-Park und ultramoderne Oper.

Von Oslo ausgehend kann man in **kleinen** Etappen attraktive Städte wie **Drøbak**, **Moss**, **Fredrikstad** und **Halden** entdecken, bevor man mit der Fähre von der schwedischen Hafenstadt Strömstad eine zweistündige Fahrt mit der Fähre nach Sandefjord antritt. Hier stehen dann beispielsweise Städte wie **Tønsberg** und **Drammen** auf dem Programm. Man sollte jedoch nicht an einer eventuell eintönigen Stadtführung teilnehmen, sondern die unterschiedlichen Facetten der Städte auf eigene Faust erkunden. Zwischendrin ist Platz für das Verschnaufen an ruhig gelegenen Badeplätzen und für ausgiebige Spaziergänge am Oslofjord, der sich rund 100 Kilometer in das Land schlängelt.

Stadtbummel in Oslo

Wer nun die norwegische Hauptstadt entdecken möchte, sollte das Wohnmobil auf den umliegenden Campingplätzen oder besser auf dem Wohnmobilstellplatz Sjølyst Marina stehen lassen und mit dem Fahrrad oder mit dem Bus ins Zentrum fahren. Eilige, die nur einen kleinen Stadtrundgang machen wollen und deshalb mit dem Wohnmobil in den Stadtkern fahren möchten, können auf dem Parkplatz von Stena Line parken. Er ist ausgeschildert (Fähre Frederikshavn) und verfügt über ausreichend große Parkbuchten. Vorbei an dem neuen Anleger für Kreuzfahrtschiffe und an der imposanten Festung **Akershus** entlang geht es dann zum markanten zweitürmigen Rathaus. Hier kann man seine Erkundung von Oslo gut beginnen. Wichtige Informationen und nützliche Tipps erhalten Sie im Kasten auf Seite 80.

Von Oslo nach Drøbak

Wir verlassen **Oslo** mit einer gewissen Unzufriedenheit, denn leider haben wir nur einen Bruchteil von dem gesehen, was die Metropole zu bieten hat. Das lässt sich bei der Fülle an Sehenswürdigkeiten wohl schwer verhin-

Linke Seite: Das Schloss in Oslo gehört zu den schönsten Bauwerken der Stadt.

» SPECIAL

Oslo – die lebendige Hauptstadt

Oslo liegt am nördlichen Ende des Oslofjordes und gehört zweifelsfrei zu den interessantesten Metropolen Nordeuropas. Keine andere Stadt des Landes ist so lebendig und kulturell vielfältig wie Oslo. Als das politische Zentrum des Landes steht hier das Parlament (Storting), in dem 165 Abgeordnete über die Zukunft des Landes entscheiden. Oslo ist Universitätsstadt, protestantischer und katholischer Bischofssitz und mit dem Nationaltheater und mehr als 50 Museen das kulturelle Zentrum des Landes.

Ein kurzer geschichtlicher Rückblick
Die Region rund um das heutige Oslo war zwar schon vor rund 7.000 Jahren besiedelt, die Stadtgründung jedoch erfolgte »erst« im Jahr 1050 durch König Harald Hårdråde. Am Fuß des ***Ekebergs***, dort, wo heute der Stadtteil ***Gamlebyen*** liegt, wurde die erste Siedlung gegründet. Aus strategischen Gründen ließ König Haakon V. im Jahr 1300 die Festung ***Akershus*** bauen, von der man einen guten Überblick über den Oslofjord hat. Zu dieser Zeit lebten in Oslo bereits 3.000 Menschen. 1348 ist auch Oslo von der Pest, dem so genannten »Schwarzen Tod« nicht verschont geblieben. 1624 ließ König Christian nahe der Festung eine neue Stadt erbauen. Sie wurde im Schachbrettmuster, mit rechtwinkelig aufeinanderstoßenden Straßen erbaut und hieß zunächst Christiania. In den folgenden Jahrhunderten führten verheerende Stadtbrände dazu, dass man beim Wiederaufbau nicht mehr auf Holz als Baumaterial zurückgriff, sondern ausschließlich Stein verwendete. Zu den wichtigsten Ereignissen der jüngsten Vergangenheit gehören der Einmarsch deutscher Truppen im Jahr 1940 und die Ausrichtung der Olympischen Winterspiele 1952.

Prachtbauten rund ums Hafenbecken
Heute präsentiert sich Oslo als moderne und zukunftsorientierte Metropole. Sie zieht den Besucher mit ihren unzähligen Sehenswürdigkeiten und dem kulturellen Angebot schnell in ihren Bann.
Das Hafenbecken ***Pipervika*** ist von zahlreichen interessanten Gebäuden umgeben. Das ***Rathaus*** wurde anlässlich der 900-Jahr-Feier der Stadt im Jahr 1950 eingeweiht und gehört sicherlich zu den umstrittenen Bauwerken des Landes. Für den einen ist es progressive Architektur, für den anderen einfach nur ein hässlicher Klotz. Zweifelsohne besitzt es jedoch eine der größten Turmuhren der Welt. Im Inneren wird auf großen Wandgemälden das norwegische Arbeiterleben dargestellt.
Rechts vor dem Rathaus befindet sich die bereits erwähnte Festung ***Akershus***, in der das norwegische Widerstands- und Verteidigungsmuseum untergebracht ist. Unterhalb der Festung machen die großen Kreuzfahrtschiffe fest – natürlich ein Blickfang im Hafen. An der dem Anleger gegenüberliegenden Seite verknüpften Stadtarchitekten die Tradition mit der Moderne und revitalisierten das alte Werft- und Lagergelände ***Aker Brygge*** mit Geschäften, Restaurants und Büros. Vor den alten Gebäuden, direkt am Kai, sitzt man im Sommer erstklassig und kann den Schiffen beim Ein- und Auslaufen zusehen. Hat man sich hier gestärkt, bietet sich ein Bummel zum ***Schloss*** an. Es thront am oberen Ende der Prachtstraße ***Carl Johansgate***. Am 17. Mai, dem Nationalfeiertag, laufen die Kinder die Straße hinauf zum Schloss und werden von König Harald in Empfang genommen. Die Erwachsenen treten dann in den Hintergrund und säumen, mit Fähnchen ausgestattet, die Straße. Von der Prachtstraße sind es dann nur wenige Schritte bis zum Hafen. Im Hafenbecken sind zahlreiche Anleger und unter anderem fahren hier in regelmäßigen Abständen die Ausflugsschiffe in den Oslofjord. Mit dem Schiff gelangt man von hier aus auf ein weiteres »Muss« der Stadt. Es ist die gegenüberliegende Museumsinsel ***Bygdøy***, auf der zahlreiche Museen über die Schifffahrt von gestern und heute informieren. Zu den besonderen Gebäuden gehört die Stabkirche aus dem Jahr 1200 im Folkemuseum. Neueste Attraktion in Oslo ist die ultramoderne Oper am Hafen.

Skischanze Holmenkollen
In der Innenstadt, entlang der ***Carl Johansgate*** und hinter dem Parlament, findet man Geschäfte und Gastronomie. Eine schöne Parkanlage mit zahlreichen Bänken und Springbrunnen befindet sich vor dem Parlamentsgebäude entlang der Carl Johansgate.
Wer seinen Oslobesuch mit einem grandiosen Ausblick über die norwegische Hauptstadt abschließen möchte, sollte hinauf zur neuen Skischanze am ***Holmenkollen*** fahren (teils steile, kurvenreiche Straße, Parkplätze vorhanden). Von hier bietet sich ein beeindruckendes Panorama über Stadt und Fjord sowie die großen umliegenden Waldgebiete.

Vigeland-Anlagen
Kunst zum Anfassen und das unbeschwerte Leben der Norweger lassen sich in dem Frogner Park am eindrucksvollsten erleben. Im Zentrum des Parks befinden sich die Vigeland-Anlagen, die von Touristen und Einheimischen gleichermaßen aufgesucht werden. Der Bildhauer Gustav Vigeland (1869 – 1943) hat die rund 200 Skulpturen entworfen, die Menschen in unterschiedlichen Lebenszyklen und Gemütszuständen zeigen. Unübertroffener Höhepunkt im wahrsten Sinne des Wortes ist im Zentrum der Anlage der 17 Meter hohe Monolith mit 121 ineinander verschlungenen Menschen. In der Nähe lohnt sich auch der Besuch des Vigeland Museums (Tel. 23 49 37 00).

Tipp
Am besten erkundet man Oslo mit dem Oslo-Pass. Kostenlos ist man mit den öffentlichen Verkehrsmitteln unterwegs und erhält auch Ermäßigungen bei Museumsbesuchen, Attraktionen und Stadtrundfahrten. Den Oslo-Pass gibt es für einen oder drei Tage und auch als Familienpass.
Info: Tel. 23 10 62 62, www.visitoslo.com

dern und mag fast jedem Oslo-Besucher so ergehen.

Über die gut ausgebaute E18 geht es also in südliche Richtung. Die Straße führt am Fjord vorbei, hier hat zumindest der Beifahrer noch mal einen herrlichen Blick auf die »Halbmillionenstadt«. Im weiteren Verlauf fahren wir dann auf die zweispurige E6 und steuern über die Straße 152 als erstes Ziel das idyllische Städtchen **Drøbak** an.

Nach der Metropole Oslo stellt der Rundgang in Drøbak ein interessantes Kontrastprogramm dar. Diese nette Kleinstadt liegt am Oslofjord, ungefähr an seiner engsten Stelle, sodass man hier die vorbeifahrenden Fähren, Kreuzfahrtschiffe, Frachter und Sportboote aus nächster Nähe beobachten kann. Unter dem Schiffsverkehr herrscht reger Autoverkehr, denn hier befindet sich seit Kurzem eine Tunnelverbindung unter dem Oslofjord. Zu bieten hat Drøbak ein nettes Stadtzentrum mit farbenfrohen Holzhäusern, einladenden Cafés und Restaurants, ein sehenswertes Meeresmuseum und ein Naturbad direkt am Fjord. Hier kann man vom Sprungturm aus höchster Höhe in die Tiefe des Oslofjords eintauchen.

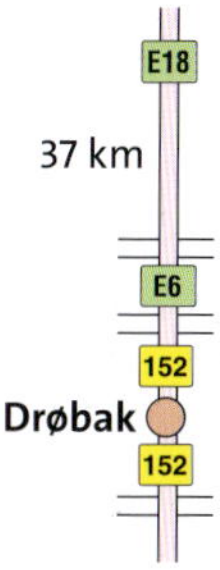

Oben: Kleinkünstler in Oslo
Mitte: Mit der neuen Oper hat Oslo eine weitere Attraktion
Unten: Postamt des Weihnachtsmannes in Drøbak

» EINKAUFSTIPP

Viele Grüße vom Weihnachtsmann

In den Sommerferien ist Weihnachten ja in der Tat noch weit weg und so ist der Badespaß im Oslofjord wohl näher als die Gedanken an den kalten Dezember und Weihnachtsgebäck. Vielleicht ist es gerade deswegen interessant, dem »Postamt des Weihnachtsmannes« in Drøbak einen Besuch abzustatten. Hier sitzt nämlich der Weihnachtsmann hinter dem Schalter und verkauft zu jeder Jahreszeit unzählige Weihnachtsartikel.

Tipp: Reduzieren Sie ihren diesjährigen Weihnachtsstress und kaufen Sie schon jetzt ein paar der obligatorischen Grußkarten: im sommerlichen Norwegen geschrieben und eingeworfen, kurz vor Weihnachten in Norwegen verschickt, Heiligabend im Briefkasten, und das natürlich mit dem Poststempel des Weihnachtsmannes!

Reizvolle Badebucht in Fuglevik

Abstecher nach Son

Über die Straße 152 und dann auf der E6 geht es bei mäßigem Verkehr weiter gen Süden. Ein vier Kilometer langer Abstecher in den reizvollen Küstenort **Son** lohnt sich auf jeden Fall. Schmucke Holzhäuser, ein sehenswerter Hafen und ein nostalgisches Schifffahrtsmuseum machen Son zu einem lohnenden Ausflugsziel. Wieder zurück auf der E6 fahren wir vollgetankt mit neuen Eindrücken weiter bis zur Abfahrt **Moss**. Nach wenigen Kilometern erreichen wir die Industrie- und Hafenstadt.

Eines der wenigen Bauwerke in Moss, das Charme besitzt.

Hier könnte man die Route abkürzen und mit der Fähre über den **Oslofjord** in nur 35 Minuten nach **Horten** fahren. Die weitere Route lockt jedoch mit den Städten **Sarpsborg**, **Fredrikstad** und **Halden**. Außerdem gelangt man noch nach Schweden und kann mal schwedische Meeresluft schnuppern. In diesem Sinne geht's zunächst nach Moss.

Interessantes Moss

»Moss ist kein Muss«, aber im Rahmen der Entdeckungsreise rund um den Oslofjord sehenswert und interessant. Es ist die Provinzhauptstadt der Provinz **Ostfold** (25.000 Einwohner). Im 14. Jahrhundert war Moss ein Salzsiederei- und Mühlenplatz und im Laufe der folgenden Jahrhunderte spielte die Holzverarbeitung eine wichtige Rolle. Es entstanden Sägewerke und Ausfuhrhäfen. Heute ist Moss eine moderne Industriestadt (u. a. Zellulose-, Kunststoff-, Chemie- und Stahlindustrie sowie Maschinenbau) mit einem modernen Stadtzentrum, das sich zum Shopping anbietet. Die Geschäfte sind hier zahlreich und außerhalb der Stadt gibt es ein großes Einkaufszentrum. Wer sein Reisebudget nicht strapazieren möchte, wird sich sicherlich auf die Sehenswürdigkeiten konzentrieren. Auf der Insel **Jeløy**, die man über eine Brücke erreicht, lohnt sich der Besuch der Galerie F15. Darüber hinaus kann man auf der Insel auch gut spazieren gehen und findet kleine Buchten, die sich zum Baden anbieten. Auf der Insel liegt auch der komfortable Campingplatz »Nes Camping«, direkt am Fjord. Ein guter Ausgangspunkt, um die Stadt und die Umgebung z. B. mit dem Fahrrad zu erkunden.

» BADETIPP

Radtour und Badetipp
In Moss sollte man seinen Drahtesel vom Heckträger nehmen und die Umgebung erkunden. Lohnenswert ist eine Radtour zu dem kleinen Dorf Fuglevik, wenige Kilometer südlich von Moss. Hier befindet sich ein schöner Sportboothafen und direkt nebenan eine Badebucht mit Sandstrand.

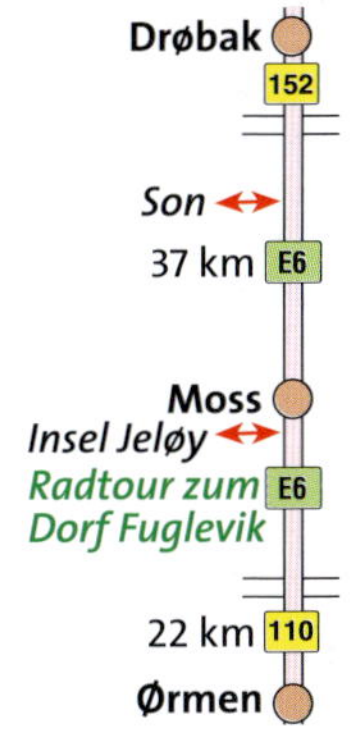

Ein kleines Mädchen erfreut sich an der Elchskulptur in Moss.

In Fredrikstad laden nette Geschäfte zum Stöbern ein.

Festungsstadt Fredrikstad

Von Moss geht es weiter auf der E6 in südöstliche Richtung. Nach 14 Kilometern biegen wir auf die Straße 110 ab. Die kleinen Dörfchen **Ørmen** und **Kjølberg**, an denen wir vorbeikommen, sind einfach reizend. In **Fredrikstad** halten wir uns dann Richtung Stadtzentrum, denn das Herz dieses Ortes schlägt in der historischen Altstadt (große Parkplätze nähe Altstadt). Während Moss zwar interessant, aber kein unbedingtes Muss darstellt, sollte man Fredrikstad auf keinen Fall verpassen. Es liegt an der Mündung des mächtigen Flusses Glomma, dem mit beachtlichen 611 Kilometern längsten Fluss des Landes. Fredrikstad gehört mit 76.000 Einwohnern zu den größeren Städten des Landes. Die unvergleichliche Altstadt »Gamleby« ist von einem sternförmigen Burggraben umgeben und lockt viele Besucher an. Fredrikstad zählt zu den gut erhaltenen Festungsstädten Skandinaviens und war im 17. Jahrhundert die wichtigste Festung Norwegens. Der Rundgang durch die alten Gassen, vorbei an Häusern im Empirestil, Bastionen, Kasernen, nostalgischen Cafés und alten Geschäften versetzt den Besucher um Jahrhunderte zurück. Mit einer Personenfähre gelangt man über den Glomma in den neuen Teil der Stadt.

Außerhalb der Altstadt ist die Domkirche sehenswert, die nicht nur die größte der Provinz ist, sondern über eine gigantische Orgel

» KULTURTIPP

Roald Amundsen

Zweifelsfrei gehört Roald Amundsen (1872 – 1928) zu den berühmtesten Norwegern. Er ist ein bedeutender Entdecker und seine Abenteuer lesen sich wie ein Krimi. Bekannt ist vor allem seine Expedition zum Südpol. Den dramatischen Wettkampf mit dem Engländer Scott gewann Amundsen und erreichte am 14.12.1911 als erster Mensch den Südpol. In 99 Tagen legte er rund 3.000 Kilometer zurück und ernährte sich von den mitgeführten Schlittenhunden. Während Scott im ewigen Eis verschollen blieb, kehrte Amundsen als Held in sein Vaterland zurück. 1928 ereilte Amundsen ein vergleichbares Schicksal und so kehrte er nach einer Arktisexpedition ebenfalls nicht mehr zurück. Über das bewegende Leben und die Expeditionen Amundsens kann man sich in seinem Geburtshaus informieren. An dieser Stelle soll auch darauf hingewiesen werden, dass dieses kleine Land viele Entdecker wie die Wikinger Fridtjof Nansen und Thor Heyerdahl hervorgebracht hat. Fridtjof Nansen (1861–1930) überquerte als erster Mensch 1888 die Gletschergebiete Grönlands und unternahm Ende des 19. Jahrhunderts aufschlussreiche Expeditionen mit der »Fram« in der Arktis. Als Politiker kämpfte er dann gegen Hunger und Unterdrückung. Thor Heyerdahl (1914–2002) ist durch seine waghalsige Fahrt 1947 mit dem Holzfloß »Kon-Tiki« von Peru nach Polynesien bekannt geworden. 1970 überquerte er mit dem Papyrusboot »Ra II« den Atlantik. Der Pioniergeist scheint ein Teil der norwegischen Kultur zu sein, das wird jedem Winterurlauber bewusst, wenn er die Norweger sieht, wie sie auf ihren Langlaufskiern Tagesausflüge durch das Fjell unternehmen.

mit 4.000 Pfeifen verfügt – ein Rekord in Norwegen. Wer noch Zeit hat, sollte das Fredrikstad-Museum besuchen. Es informiert über die Stadtgeschichte und verfügt über eine anschauliche Seefahrtabteilung.

Am besten spaziert man auf den Kaipromenaden. Ein Plätzchen im Straßencafé garantiert Ausblicke auf den von Wassersportlern befahrenen Kanal.

Rund um Fredrikstad gibt es einige Ausflugsziele, die man je nach Zeit und Lust ansteuern sollte. In dem Dorf **Borge**, das man nach wenigen Kilometern über die Straße 110 in nordöstlicher Richtung erreicht, werden sich die Interessierten, die sich mit dem norwegischen Entdeckertum auseinandergesetzt haben, gerne umsehen, denn hier steht das Geburtshaus von Roald Amundsen (siehe Kasten).

Ehemaliges Bollwerk Halden

Die Industriestadt **Sarpsborg** liegt rund zehn Kilometer nordöstlich von Fredrikstad und verfügt über einen wichtigen Exporthafen, von dem aus Holz in viele Länder verschifft wird. Sehenswert ist der mächtige Wasserfall, dessen Wasserkraft und der daraus produzierte Strom eine wichtige Grundlage für die Industrie darstellen.

Über die E6 und später über die Straße 21 führt die Route nach **Halden** an der norwegisch-schwedischen Grenze, die man von Sarpsborg aus nach 25 Kilometern erreicht.

Wie in Fredrikstad so steht auch in Halden eine Festung in der Gunst der Besucher ganz oben. Die Kleinstadt Halden, die bis 1927 noch Fredrikshald hieß, musste als Bollwerk feindliche Armeen abhalten. Letztmalig versuchten die Schweden 1828 die Festung zu erobern. Uneingenommen thront dieses wichtige militärgeschichtliche Denkmal auf einem 128 Meter hohen Hügel. Hier genießen die Festungsbesucher den herrlichen Ausblick, erfreuen sich an einer multimedialen Show oder besuchen das Bäckerei- oder Apothekenmuseum.

Die vertraute E6 bringt uns weiter in südliche Richtung zum **Svinesund**. Dieser tief

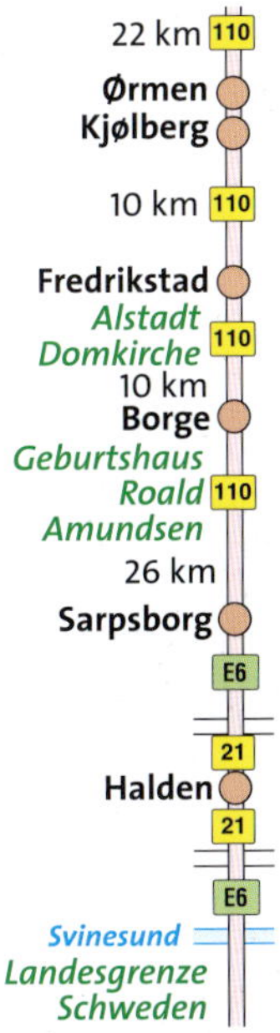

Mächtige Festung in Halden

Lebendiger Hafen von Strömstad

eingeschnittene Sund trennt Norwegen von Schweden.

» BUCHTIPP

Schweden mit dem Wohnmobil!
Im Bruckmann Verlag ist auch »Schweden mit dem Wohnmobil« (ISBN 978-3-7654-4793-8) erschienen. Eine Route in Schweden knüpft an diese Tour rund um den Oslofjord an.

Unterwegs auf dem Oslofjord

Nach 26 Kilometern erreichen wir die schwedische Stadt **Strömstad**. Entweder macht man noch einen kleinen Stadtrundgang in der netten schwedischen Hafenstadt oder nutzt die Gelegenheit, sich die reizvolle Schärenküste näher anzusehen. Ein Garten voller kleiner rundbuckeliger Inseln und idyllischer Fischerörtchen, so präsentiert sich die schwedische Schärenküste. Erfreut sind wir auch über die vielen günstigen Einkaufsmöglichkeiten, sodass wir, bevor die Route in Norwegen fortgesetzt wird, noch mal ausgiebig einkaufen gehen.

In **Strömstad** ist der zentrale Fähranleger ausgeschildert und einfach zu finden. Mit den Color-Line-Fähren geht es in rund vier Stunden über den **Oslofjord**. Die Schiffe gehören mit rund 130 Metern zu den kleineren Fähren. Sie bieten jedoch neben den benötigten Auto- bzw. Lkw-Decks auch Restaurants und Tax-free-Shops. Bei schönem Wetter sollte man sich auf dem Sonnendeck aufhalten, denn der Blick beim Ablegen auf die schwedische Küste ist äußerst lohnenswert.

In der norwegischen Hafenstadt **Sandefjord** legt die Fähre wieder an. Hier betreten wir nun die norwegische Provinz **Vestfold**. Die weitere Strecke führt in Richtung Norden

Schwedische Küstenidylle

zurück nach Oslo. Allerdings stehen einige interessante Städte, landschaftliche Attraktionen und kulturelle Sehenswürdigkeiten auf dem Programm.

Sandefjord

Etwas mehr als 40.000 Norweger leben in der Hafenstadt Sandefjord, in die sich nicht viele Touristen verirren. Zwischen der Hydro Texaco Tankstelle und dem Park Hotel befindet sich ein neuer Stellplatz. Sie verfügt jedoch über ein interessantes Schifffahrtsmuseum und ein Walfangdenkmal, das am Hafen rotiert. Es erinnert an die lange Walfangtradition. Verschwiegen werden sollte an dieser Stelle nicht, dass die Norweger auch heute noch Walfang betreiben!

Das informative Stadtmuseum ist in dem schönen Haus Pukkestad (1792) untergebracht. Sicherlich wird der Besucher auch den Gokstadhügel besuchen, in dem das berühmte Wikingerschiff vor mehr als 1.000 Jahren als eine Art Beerdigungsschiff vergraben worden war. 1880 machte man den sensationellen Fund. Heute ist dieses originale Wikingerschiff im Museum in Oslo zu besichtigen. Rund um Sandefjord zeugen einige Felszeichnungen davon, dass die Region schon sehr früh besiedelt wurde. Über die E18 oder alternativ über die kleine Straße 303 geht es nach **Tønsberg** (25 Kilometer).

Tønsberg – die älteste Stadt des Landes

Tønsberg muss man ganz besonders hervorheben, denn es ist die älteste Stadt des Landes und die Provinzhauptstadt von Vestfold. Die Stadtgeschichte lässt sich bis in das Jahr 872 zurückverfolgen, das Jahr der Stadtgründung. Die Hanse, die Reformation und der Walfang haben die Entwicklung der Stadt beeinflusst. Heute gehört Tønsberg zu den wichtigen Hafenstädten und verfügt über ein reizvolles Stadtzentrum mit dem Dom im Mittelpunkt. Rund um das 1858 erbaute Kirchengebäude ist der Platz mit Skulpturen der Bildhauer Per Vigeland und Gustav Vigeland geschmückt.

Sandefjord ist ganzjährig ein lohnenswertes Reiseziel.

Die Insel Tjöme präsentiert sich mit einer schroffen Landschaft.

Überhaupt ist die Liste der Sehenswürdigkeiten lang: Auf dem Schlossberg steht die Ruine der Tunsberghus-Festung, die im Mittelalter zu den größten Festungsanlagen des Landes gehörte. Einen großartigen Ausblick hat man von dem markanten Aussichtsturm. Sehenswert ist das Vestfold Freilichtmuseum, in dem es ein restauriertes, 21 Meter langes Wikingerschiff zu bestaunen gibt. Wie in Sandefjord so wurde auch in **Tønsberg** ein Wikingerschiff ausgegraben. Das 1904 entdeckte Gefährt »Osebergschiff« steht ebenfalls in Oslo. Museumsfreunde wird es in das Haugar Kunstmuseum oder in das Glockenmuseum ziehen.

Abstecher auf die Insel Tjøme

Landschaftlich reizvoll wird es südlich von Tønsberg auf der **Insel Tjøme**, die man über die Straße 308 erreicht. Die 27 Kilometer lange Fahrt bis zur Südspitze der Insel lohnt sich, denn hier erreicht man bei »Verdens Ende« das Ende der Welt. Von dem großen Parkplatz sind es nur 200 Meter zum Hafen. Kahle Felsen, ein altes Leuchtfeuer und der freie Blick zum Horizont lassen vermuten, woher der Name kommt. Wenn das Wetter es zulässt, erlebt man hier einen riesigen Badespaß. Viel Spaß macht es auch, auf den kahlen Schären ein Picknick zu machen. In der Ferne sieht man die Fährschiffe und den Leuchtturm Færdens Fyr. Auf dem Rückweg sollte man rund zwei Kilometer nördlich der »Tjøme-Brücke« an der alten BP-Tankstelle mal anhalten. In der Tankstelle »Brøderne Hanssene Auto« stößt man auf ein Inventar aus den 1950er-Jahren. In der Werkstatt werden Oldtimer restauriert (Info: Tel. 92 21 79 33).

Auf den Spuren von Munch

Von **Tønsberg** geht es in nördlicher Richtung über die E6 weiter. Wer noch ausreichend Zeit hat, sollte über die Straße 19 Richtung **Horten** fahren. An der Straße reihen sich in kurzen Abständen lohnenswerte Ziele aneinander. In dem malerischen Badeort **Åsgårdstrand** lebte der Maler Edvard Munch, der zweifelsfrei zu den bekanntesten skandinavischen Malern gehört. Sein impressionistisches Gemälde »Der Schrei« hat man sofort vor Augen. In dem Ort kann man sein Wohnhaus besichtigen und sollte auf jeden Fall die Straße »Edvard-Munch-Gate« entlanggehen. An den schmucken weißen Holzhäusern hängen Briefkästen mit kleinen Bildern nach Motiven Munchs. Eine Pause sollte man in dem gemütlichen Café »Munchs Café« einlegen und natürlich blickt man hier auf reproduzierte Munch-Gemälde.

In der Nähe von **Borre** stoßen wir auf zahlreiche Grabhügel. Unter den großen, buckeligen und grasbewachsenen Hügeln wurden einst die Wikingerkönige bestattet. Die Anlage ist die größte Ansammlung von Königsgräbern in Nordeuropa und erhielt den Status eines Nationalparks. Informieren kann man sich im historischen Zentrum **Midgard**, und wer den Luxus seines Wohnmobils kurzzeitig aufgeben möchte, der kann in Midgard für einen Tag wie ein Wikinger leben. Natürlich muss dann die Trekking-Kleidung gegen ein Bärenfell eingetauscht werden.

Bis nach **Horten** sind es nur wenige Kilometer. Mit dem Marinemuseum, dem Foto- und dem Automuseum locken gleich drei interessante Ausstellungen. Horten verlässt man über die Straße 310 und stößt nach zehn Kilometern wieder auf die vertraute E6. Über die gut ausgebaute Europastraße erreicht man die Orte **Holmestrand**, **Sande**, **Sølum** und später die Stadt **Drammen** in der Provinz **Buskerud**. Vorher fährt man über die große Brücke über den **Drammensfjorden**.

Drammen

Mit **Drammen** steuert man im Rahmen dieser Route die dritte Provinzhauptstadt (Buskerud) an. Schon sehr früh setzte hier die Besiedlung ein und so findet man rund um Drammen ungefähr 6.000 Jahre alte Fels-

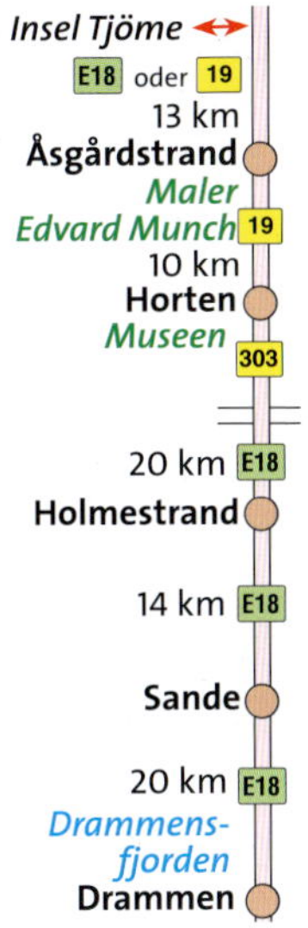

»Verdens Ende« liegt an der Südspitze der Insel Tjøme.

Sonnenuntergang am Oslofjord

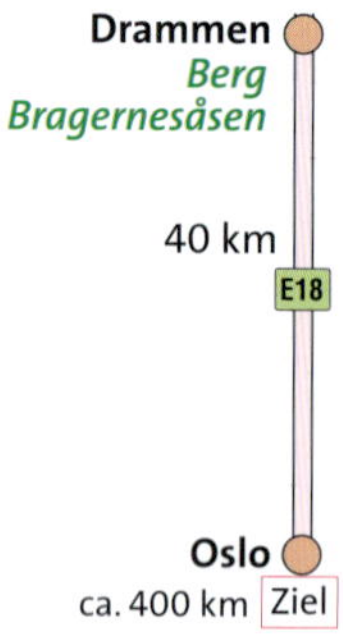

zeichnungen. Eine erste dauerhafte Besiedlung setzte erst im 14. Jahrhundert ein. Die günstige Lage an der Mündung des Drammenflusses trieb die Holzwirtschaft voran, sodass Sägewerke und Papierfabriken hier zahlreich vertreten sind. Drammen (57.000 Einwohner) präsentiert sich heute als lebendige Industriestadt mit dem zweitgrößten Hafen nach Oslo, an dem insbesondere Autos verladen werden. In der schönen Innenstadt gibt es viele Geschäfte, die zum Stöbern und auch zum Einkaufen einladen. Die wahre Attraktion Drammens findet man nicht in der Innenstadt, sondern außerhalb der Stadt. Es ist der rund 200 Meter hohe Berg **Bragernesåsen**, der es im wahrsten Sinne des Wortes in sich hat. Durch die »Spirale« gelangt man auf die Kuppe des Berges. Rund 70.000 m^3 Fels wurden abgetragen, damit ein spiralförmiger, 1.650 Meter langer Tunnel entstehen konnte. Belohnt wird diese »Rundreise« mit einem herrlichen Ausblick auf die Landschaft und die Stadt.

Am Ziel und Ausgangspunkt Oslo

Etwa 40 Kilometer sind es noch bis Oslo, dem Start- und Zielpunkt der Reise rund um den Oslofjord. Wenn man sich auf der Europastraße 18 der Hauptstadt nähert, ist es unverkennbar, wie sich allmählich die Besiedlung verdichtet. Schließlich fährt man jetzt durch den Ballungsraum Norwegens, in dem rund eine Million Menschen lebt. Umgerechnet kommt fast jeder vierte Norweger aus dem Großraum Oslo. Nähert man sich dem Stadtzentrum, erreicht man auf der E18 eine Mautstation, an der eine geringe Mautgebühr bezahlt werden muss. Vor der Mautstation geht es recht auf das Hafengelände der »Sjølyst Marina« mit einem großen Wohnmobil-Stellplatz. Wer weiter fährt, muss die Schilder aufmerksam beobachten, damit die richtige Abfahrt (z. B. Fährhafen, Zentrum) bzw. die weiterführende Straße nicht verpasst wird.

» ADRESSEN

Fähre: von Strømstad (S) nach Sandefjord (N) in vier Stunden mit Color Line (www.colorline.com)

Touristeninformationen

Oslo (am Rathaus): Fridtjof Nansens Plass 5 (Eingang über Roald Amundsens gate), 0160 Oslo, Tel. 81 53 05 55, Fax 22 42 92 22, E-Mail: info@visitoslo.com, www.visitoslo.com
Fredrikstad: Tøyhusgata 41, 1632 Fredrikstad, Tel. 69 30 46 00, Fax 69 30 46 01, E-Mail: turistkontoret@opplevfredrikstad.com, www.opplevfredrikstad.com
Tønsberg: Tønsberg Brygge, 3126 Tønsberg, Tel. 33 35 45 20, Fax 33 35 45 19, E-Mail: info@visittonsberg.no, www.visittonsberg.com

Karten

Kümmerly + Frey Nr. 1 (Cappelens kart) »Südnorwegen« (1:335.000) oder entsprechende Atlaskarten im Autoatlas »Norden« von Statoil oder Shell (an norwegischen Tankstellen!)

Campingplätze

Oslo:
Ekeberg Camping (N59°53'54,1" – E10°46'22,1")
Dieser Campingplatz hat die geringste Entfernung zum Stadtzentrum, liegt auf dem Ekeberg-Hügel östlich des Stadtzentrums und vermittelt eine schöne Aussicht über die Stadt (besonders bei Nacht). Das große Wiesengelände ist teilweise geneigt. Ekeberg Camping verfügt über einen Kiosk und bietet ausreichend Infos über Oslo. Mit dem Bus kommt man bequem in das Stadtzentrum.
Ekebergveien 65, Tel. 22 19 85 68, www.ekebergcamping.no

Bogstad Camping (N59°57'45,2" – E10°38'38,4")
Der ganzjährig geöffnete Campingplatz liegt im Westen des Stadtzentrums auf dem Höhenzug unweit des Holmenkollen. Er hat eine große Kapazität und eine Bushaltestelle mit direkter Verbindung zur Innenstadt. In unmittelbarer Nähe des Campingplatzes liegt auch der idyllische Bogstad-See.
Ankerveien 117, Tel. 22 51 08 00, www.bogstadcamping.no

Fjordcamping (N59°50'03,9" – E10°46'32,1")
Der Campingplatz hält das, was er verspricht, denn er liegt nur wenige Meter vom Oslofjord entfernt. Nur 200 Meter sind eine idyllische Badebucht und ein schöner Rundwanderweg entfernt. Allerdings sind es zum Stadtzentrum noch neun Kilometer. Der Platz liegt jedoch verkehrsgünstig an der weiteren Route Richtung Drøbak und ist von der E6 und E18 ausgeschildert.
Ljansbrukveien 1, N–1250 Oslo, Tel. 22 75 20 55, www.oslocamping.no

Wohnmobilstellplatz »Sjølyst Marina«
(N59°55'13" – E10°40'31")
Der empfehlenswerte Stellplatz befindet sich auf dem gleichnamigen Hafengelände und ist gut über die Autobahn E18 (von Drammen kommend) zu erreichen. Vor der Mautstation geht es rechts auf das Hafengelände. Mit dem Fahrrad geht es dann über den schönen Radweg bis in das Stadtzentrum (4 Kilometer).
Tel. 22 50 91 93, www.bobilparkering.no

Moss: ***Nes Camping*** (N59°28'53,7" – E10°38'29,2")
Direkt am Oslofjord im Norden der Insel Jeløy gelegen. Der Platz ist gut ausgestattet und ein idealer Ausgangspunkt, um die Insel z. B. mit dem Fahrrad zu entdecken. Er bietet auch eine gute Bademöglichkeit.
Jeløy, 1514 Moss, Tel. 69 27 01 76, www.naf.no/moss

Fredrikstad: ***Bevø Camping*** (N59°03'22,6" – E11°02'17,6")
Rund zwölf Kilometer außerhalb von Fredrikstad befindet sich der Platz in naturschöner Lage. Er bietet viele Aktivitäten z. B. Angeln, Beachvolleyball, Radfahren, Wandern und Minigolf. Torsnes, 1634 Gamle Fredrikstad, Tel. 69349215

Skjeberg: ***Høysand Camping*** (N59°11'21,9" – E11°11'14,8")
Zwischen Sarpsborg und Halden – von der E6 nach rund 3 Kilometer einfach zu erreichen – befindet sich der schöne Campingplatz. Gute Lage, die Nähe zum Wasser und die umfangreiche Ausstattung machen den Campingplatz zu einem guten Übernachtungsplatz. Hervorzuheben ist die benachbarte Minigolf-Anlage, die zu den besten des Landes gehört. 1747 Skjeberg, Tel. 69 16 81 25

Tønsberg: ***Furustrand Camping***
(N59°16'20,6" – E10°29'30,3")
Rund fünf Kilometer nördlich von Tønsberg in Tolsrød liegt der empfehlenswerte Campingplatz. Er liegt direkt am Oslofjord und hat einen 400 Meter langen Strand. Die Ausstattung der Vier-Sterne-Anlage lässt keine Wünsche offen.
Tareveien 11, 3150 Tolvsrød, Tel. 33 32 44 03, www.furustrand.no

Borre/Horten: ***Borre Familiecamping***
(N59°22'42,3" – E10°27'56,3")
Der Campingplatz befindet sich südlich von Horten in Borre.
Steinbrygga, 3192 Horten, Tel. 33 08 23 90, www.bfc.no

Holmestrand: ***Sand Bade og Campingplass***
(N59°26'17,2" – E10°22'41,6")
Der Campingplatz befindet sich direkt am Oslofjord. Hier lohnt es sich auch mal, die Angel auszuwerfen.
Snekkestad, 3080 Holmestrand, Tel. 33 06 20 60

4 VON KRISTIANSAND NACH BERGEN

Sonnenverwöhnte Küsten und rauschende Fjorde

Startpunkt: Kristiansand **Strecken:** E39, Rv 44, Rv 13, Rv 514, E134, Rv 48, Rv 7
Endpunkt: Bergen **Fahrtzeit:** 7–14 Tage (ohne Anreise) **Streckenlänge:** ca. 700 km

Fjordland pur: Abseits von den touristischen Pfaden lockt uns die südnorwegische Küste auf eine ungeahnt entspannende Genusstour. Die vorgelagerten Schären bestechen mit ihren landschaftlichen Reizen und die immer wieder auftauchenden Sandstrände laden im Sommer zu einem erfrischenden Bad ein.

Auf dieser Route machen wir uns von Kristiansand auf nach Bergen – eine Reise an der südnorwegischen Küste, wie man sie sich wünscht: Landschaftliche Höhepunkte, herrliche Sandstrände und entzückende Städte versprechen Genuss pur.

Außerdem steht das **Kap Lindesnes** auf dem Programm, der südlichste Punkt Norwegens, an dem man einen interessanten Leuchtturm bewundern kann. Die Nordseestraße führt dann durch die Region **Jæren**, eine flachwellige Agrarregion direkt am Meer. Diese gemütliche Landschaft mit den Steinhecken lässt einen Vergleich mit Südengland zu. Die Ölmetropole **Stavanger** lockt mit einer lebendigen Innenstadt, zahlreichen Geschäften und dem informativen hochmodernen Ölmuseum. Der wahre Höhepunkt der Route ist der 596 Meter hohe Felsen **Preikestolen**, der im **Lysefjord** steht.

Quer durch das Fjordland geht es in den folgenden Tagen an unzähligen kleinen und großen Fjorden vorbei zu den Provinzen **Rogaland** und **Hordaland**. Die Ausblicke sind grandios und die Fähren helfen beim Überqueren der faszinierenden Gewässer. Diese landschaftlich herrliche Route abseits der touristischen Pfade kann man in aller Ruhe und Gelassenheit entdecken. Einziges touristisches Highlight ist das sehenswerte Renaissanceschloss der Baronie Rosendal. Die Strecke endet in der schmucken Hansestadt Bergen.

Linke Seite und links: Im Süden des Landes kommen Freunde von Leuchttürmen auf ihre Kosten.

Kristiansand

Die Fähre verlässt die dänische Hafenstadt **Hirtshals** auf der Halbinsel Jütland und fährt in rund 4,5 Stunden über das **Skagerrak** nach Kristiansand. Man nähert sich **Kristiansand** durch den Oksøyfjord. Diese Anreise macht neugierig auf Südnorwegen.

Mit rund 76.000 Einwohnern ist Kristiansand die fünftgrößte Stadt des Landes. Es ist eine lebendige Hafenstadt mit Werften und Industrieanlagen und besteht überwiegend aus Steinhäusern. So weckt es bei den vielen ankommenden Fährgästen meist nur ein geringes Interesse. Unter dem dänisch-norwegischen König Christian IV. wurde die Stadt 1641 auf einem schachbrettartigen Grundriss angelegt, was dem Stadtkern den Namen Kvadraturen eingebracht hat und dem Gast bei der Orientierung hilft. Der Provinzhauptstadt von Vest-Agder sollte man einen Besuch abstatten und mal durch den ältesten Stadtteil Posebyen spazieren. Hier stößt man auf die ersehnte Holzhausidylle. Zu den Sehenswürdigkeiten der Stadt zählen der Dom im Stadtzentrum und die Festung Christiansholm mit ihren bis zu fünf Meter dicken Wänden. Einen guten Überblick über die Stadt und die vorgelagerten Inseln hat man vom Aussichtsfelsen in dem Park Rvnedalen, nordwestlich vom Stadtzentrum. Außerhalb der Stadt gehören der Zoo und das Freilichtmuseum »Vest Agder Fylkesmuseum« mit den Hofanlagen aus dem Setesdal zu den Anziehungspunkten. Badefreunde und Sonnenanbeter kommen am Strandabschnitt Sjøsanden auf ihre Kosten. Hier werden auch Beachvolleyballturniere veranstaltet.

An der »norwegischen Riviera«

Über die E39 geht es durch die sonnenreichste Region Norwegens und durch die Provinz **Vest-Agder**. Nach rund 40 Kilometern erreicht man **Mandal** an der sogenannten »norwegischen Riviera«. Hier herrscht Holzhausidylle pur. Es ist die südlichste Stadt und verfügt im Stadtkern über eine geschlossene Bebauung mit gepflegten weißen Holzhäusern. Gerade an heißen Sommertagen herrscht hier eine lockere fast mediterrane Atmosphäre. Ein Blick lohnt in Norwegens größte Holzkirche und in das Stadtmuseum von Mandal.

Nach rund zwölf Kilometern auf der E39 in westlicher Richtung biegen wir auf die

Der Hafen von Kristiansand

» WANDERTIPP

Kap Lindesnes

Das Kap Lindesnes ist der südlichste Punkt des norwegischen Festlandes. 2.518 Kilometer trennen dieses Kap vom Nordkap. An der kahlen, felsigen Küste steht der Leuchtturm von Lindesnes, der »Lindesnes Fyr«. Er wurde 1655 errichtet und ist der älteste des Landes. Hier befindet sich auch das nationale Leuchtturmmuseum mit einer interessanten Ausstellung zur Geschichte des Leuchtturms. Am Parkplatz beginnt ein lohnenswerter Wanderweg. Atemberaubend präsentieren sich die Felsen rund um Kap Lindesnes bei rauer See, wenn die Wellen an der Küste hochschlagen.

Reichsstraße 460 in südliche Richtung ab. Nach 26 Kilometern erreichen wir das Kap Lindesnes. Auf dem Weg passiert man das »Lindesnes Küstenkulturcenter«, wo wir eine stillgelegte Fischfabrik besichtigen.

Oben: Im Hafen von Kristiansand machen kleine Fischerboote fest.

Links: Mandal ist eine gepflegte und lebendige Kleinstadt.

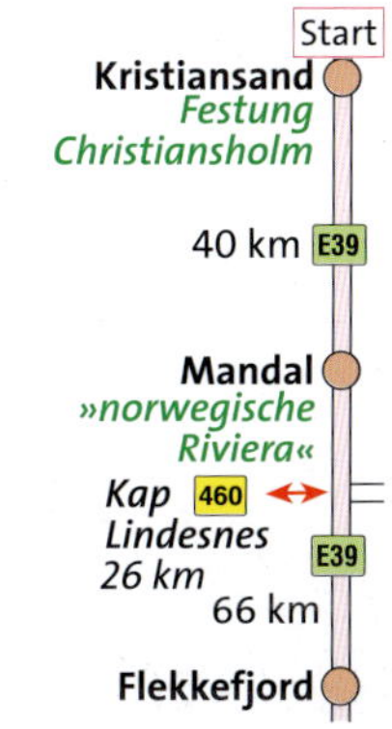

Oben: Herrlicher Ausblick auf den Fedafjord

Rechts: Der malerische Ort Fedafjord

Holzstädtchen Flekkefjord

Die Europastraße 39 führt uns weiter in nordwestliche Richtung – vorbei an dem schönen, lang gezogenen Fjord **Fedafjord** – nach **Flekkefjord**. Dieses malerische Städtchen liegt am nördlichen Ende des schützenden **Stolsfjorden**. Sehenswert ist **Hollenderbyen**, die Holländerstadt, ein reizvolles Stadtviertel mit Holzhäusern aus dem 17. und 18. Jahrhundert. Es erinnert an eine Zeit, in der man Holz nach Holland verschiffte. Natürlich bietet auch **Flekkefjord** ein einladendes Stadtmuseum und mit der Hidra-Kirche aus dem Jahr 1854 ein sehenswertes Gotteshaus. Rund um die Stadt locken bei **Kvellandstrand** herrliche Sandstrände. Zu einer ganz ausgefallenen Attraktion gehört die Fahrt mit der Draisine auf der 17 Kilometer langen Strecke von Flekkefjord nach **Sira** (Tel. 38 32 54 10).

Industriestadt Egersund

Weiter geht es über die E39 an dem See mit Meereszugang **Lundevatn** vorbei. Wenige Kilometer vor der Ortschaft **Moi** erreicht man die Provinzgrenze von **Rogaland**, der südlichsten Provinz des Landesteils Westnorwegen, der auch als Fjordland bezeichnet wird. Die Route führt nun durch das Inland. Hierbei passiert man immer wieder kleine Seen und erreicht über die Reichsstraße 42 die Industriestadt **Egersund**. Die Stadt verfügt über eine geschützte Hafenanlage. Hier verlassen die Fähren den Hafen und laufen die dänische Stadt Hanstholm an. Neben der Fischerei spielt die Herstellung von Steingut und Porzellan eine große Rolle. So sollte man sich mal in der Porzellanfabrik umsehen. Zu einer Besichtigung lädt auch die Altstadt mit ihren gut erhaltenen Holzhäusern ein. Sehr empfehlenswert ist auch ein Besuch der Egersund-Kirche aus dem 18. Jahrhundert.

Vor den Toren der Stadt erwarten uns die Strandabschnitte **Skadbergsanden** mit reizvollen sommerlichen Tummelplätzen – Badevergnügen garantiert.

Die Hafenstadt verlässt man über die Reichsstraße 44, die auch als **Nordseestraße** bezeichnet wird, in westliche Richtung. Sie führt an der Küste vorbei durch die landschaftlich interessante Region Jæren.

Jæren

Die Landschaft **Jæren**, auf Deutsch »Kante«, präsentiert sich in Norwegen mit einem untypischen Landschaftsbild. Diese Landschaft, die sich bis **Stavanger** erstreckt, liegt am Rand des sich im Osten anschließenden Gebirges. Jæren ist geomorphologisch eine Strandflate: Ein teils ebenes, flachwelliges Gebiet, das sich nur wenige Meter über dem Meeresspiegel erstreckt. Die Landschaft hat eine Länge von 60 bis 70 Kilometern und eine Breite von zehn bis 15 Kilometern. Der größte Teil der Fläche bleibt unter 100 Meter NN, östlich schließt sich das Hoch-Jæren an mit einem Höhenniveau bis sogar 250 Meter NN. Fährt man an der Küste über die Reichsstraße 44, so gewinnt man den Eindruck, in Südengland zu sein. Wohin man auch schaut, sieht man Steinhecken (Knicks) und kleine Felder in der Nähe des Meeres. Hier steht die Landwirtschaft im Vordergrund. Beobachtet man die Landwirte im Frühjahr bei der Arbeit, so erkennt man, wie aufwendig es ist, das Land zu bewirtschaften. Jeder den Pflug zerstörende Stein wird noch teils von Hand und teils maschinell aus dem Boden gelesen. Auf einigen Flächen, die aufgrund ihres steinigen Untergrundes nicht zum Ackerbau genutzt werden können, weiden Schafherden. Durch Jæren verläuft die Route nahezu parallel zur Küste und so hat der Reisende immer wieder fantastische Ausblicke aufs Meer.

Zu den Sehenswürdigkeiten entlang der Straße durch Jæren gehört in der Ortschaft **Time** das Bauernhaus »Gaborgsheimen«, in dem 1850 der Dichter Arne Garborg zur Welt kam. Es ist auch der Hauptort seines Romans »Frieden«. In **Hå** steht das alte Pfarrhaus, das zu den bedeutendsten Kulturzentren der Region gehört. Hier werden Literaturveranstaltungen durchgeführt und Kunstausstellungen gezeigt. Von der Reichsstraße 44 führt die Strecke weiter über die Straße 507. Nach

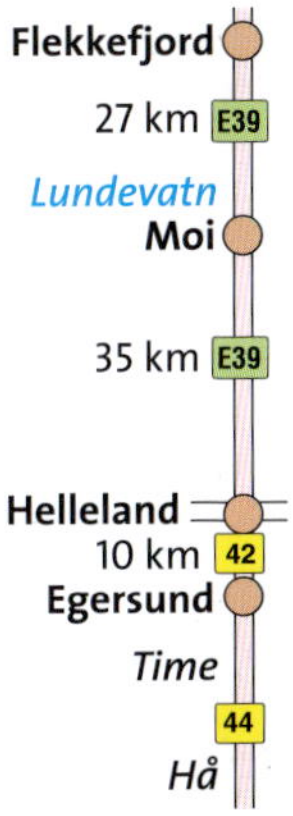

Breite Sandstrände und Dünen bietet die Landschaft Jæren.

wenigen Kilometern fährt man am längsten norwegischen Sandstrand vorbei, dem **Orrestranden**. Am Strand befindet sich auch das Kulturzentrum Friluftshuset. Nicht nur der Strand, sondern auch die Dünen sind typisch für Jæren.

Wikingergeschichten in Ytraberget

Über die folgende Straße 510 gelangt man in die Kommune **Sola**. Hier gibt es zahlreiche kulturhistorische Zeugnisse wie Grabhügel, Runensteine, Häuserreste aus der Völkerwanderungszeit (Tufts) und eine alte Kirchenruine zu entdecken. In **Ytraberget**, einer Kuppe

Dom von Stavanger

Rechts: Häuser am Hafen Vågen und Valbergturm

Das informative Ölmuseum in Stavanger

auf einer Landzunge im **Hafrsford**, ging im Jahr 872 König Harald Hårfagre (Harald Schönhaar) als Sieger in der Schlacht gegen einen rivalisierenden Wikingerfürsten hervor und konnte zum ersten Mal in der norwegischen Geschichte das Land vereinigen. Daran erinnert heute noch ein Gedenkstein auf Ytraberget. Interessant ist auch das Flugzeugmuseum in der Nähe des modernen, 1987 erbauten Flughafens.

In Sola fährt man weiter auf der 509. In Tananger kann ein Küstenkultur- und Schiffsmuseum besichtigt werden. Der weitere Weg führt direkt nach Stavanger, der modernen Ölmetropole Norwegens.

Die Ölmetropole Stavanger

In der Hauptstadt der Provinz **Rogaland** leben rund 114.000 Menschen. Die norwegische Großstadt gehört zu den wichtigsten Städten Norwegens. Zu den jüngsten Herausforderungen gehörte das umfangreiche Programm dieser Europäischen Kulturhauptstadt 2008. Sie hat eine reizvolle Lage und ist von drei Fjorden umgeben. 1125 bekam sie die Stadtrechte und wurde Bischofssitz. Der wurde jedoch 1682 nach Kristiansand verlegt und ein allmählicher Niedergang der Stadt setzte ein. Erst mit der intensiven Heringsfischerei um 1800 wurde der Wirtschaft wieder Leben eingehaucht. Später spielte auch die Schifffahrt eine wichtige Rolle und Anfang des 20. Jahrhunderts spezialisierte man sich auf die Herstellung von Ölsardinen. So gewann auch der Zweig der Fischkonservenindustrie an Bedeutung. Damit ist auch zu erklären, warum der Dosenöffner das Wahrzeichen der Stadt ist. Nach dem Zweiten Weltkrieg setzte ein erneuter Aufschwung durch die Eisen-Metallverarbeitung und den damit verbundenen Schiffbau ein. Die mächtigen Erdöl- und Erdgasfunde in der Nordsee bescherten der Stadt einen wirtschaftlichen Segen. Seitdem hat sich **Stavanger** schnell zu einer wohlhabenden Ölmetropole entwickelt, was für den aufmerksamen Stadtbesucher offensichtlich ist.

Stavanger ist eine schöne und gepflegte Stadt, moderne und traditionelle Architektur wechseln sich ab. In der Altstadt stehen noch

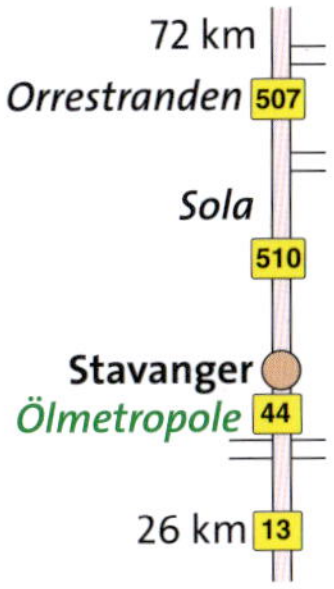

Die schönste Aussichtsplattform des Landes – der Prekestolen

rechts oben: Entlang der Route hat man stets herrliche Ausblicke auf die Fjorde.

rechts unten: Der einladende Ort Sand

prächtige alte Holzbauten, das schönste Ensemble ist direkt am Hafenbecken **Vågen** zu finden. Die farbenprächtigen alten Speicherhäuser sind ein beliebtes Fotomotiv und in den Biergärten und Cafés herrscht gute Laune. Die Altstadt ist ein Konglomerat von 170 kleinen weißen Holzhäusern, die überwiegend im 18. und 19. Jahrhundert erbaut wurden und die eine behütete Atmosphäre vermitteln. Über ihnen thront der **Valbergturm**, der als Feuermeldeturm eingerichtet wurde und zu den markanten Gebäuden der Stadt gehört. Bedeutendstes Bauwerk ist jedoch der Dom, der ursprünglich im Jahr 1125 erbaut wurde. 1272 fiel er einem Feuer zum Opfer und wurde erst in der zweiten Hälfte des 19. Jahrhunderts umfangreich wiederaufgebaut. Er zählt zu den wichtigsten sakralen Bauwerken des Landes. Modernstes Bauwerk mit einer imposanten Architektur ist das norwegische Ölmuseum, das über die Förderung des »schwarzen Goldes« informiert (Tel. 51 93 93 00, www.norskolje.museum.no). Viel erfährt man auch in den zahlreichen Museen wie dem Stavangermuseum, Schifffahrts-, Konserven- oder Handelsmuseum. Kunstliebhaber zieht es sicherlich in das Rogaland-Kunstmuseum, in dem rund 1.500 Bilder norwegischer Künstler zu bestaunen sind.

Mit der Fähre nach Oanes

Von **Stavanger** führt die weitere Route über die Reichsstraße 44 in südliche Richtung und dann Richtung Osten auf die Reichsstraße 13. Auf der Straße erreicht man nach 26 Kilometern den kleinen Fähranleger **Lauvvik**. Die Fähre benötigt rund zehn Minuten, um über den **Høgsfjord** zum gegenüberliegenden Anleger **Oanes** zu gelangen. Auf der Reichsstraße geht es weiter Richtung **Jørpeland**.

Vor Jørpeland biegt man rechts ab und erreicht nach rund zwei Kilometern einen Parkplatz. Hier ist der Ausgangspunkt, um eine der abenteuerlichsten Sehenswürdigkei-

» WANDERTIPP

Prekestolen
Der Prekestolen ist im wahrsten Sinne des Wortes der Höhepunkt auf dieser Route. Dieser »Predigtstuhl« ist ein markanter, 596 Meter hoher Felsen im Lysefjord. Oben hat er eine fast quadratische 25 mal 25 Meter große ebene Fläche. Hier zieht es viele Besucher hin, die dann aus schwindelerregender Höhe auf den Fjord und das gebirgige Umland schauen können. Man kann diesen sensationellen Felsen über einen sechs Kilometer langen Wanderweg erreichen und hierbei etwa 300 Höhenmeter überwinden. Eine gute körperliche Konstitution und festes Schuhwerk sind erforderlich. Rund drei Stunden reine Wanderzeit müssen veranschlagt werden. Am Parkplatz beginnt der deutlich ausgewiesene Wanderweg, der zunächst zum Moslifjell führt, dann geht es über Planken durch ein Sumpfgebiet und später durch eine Schlucht mit zahlreichen Felsbrocken. Zur Belohnung erhält man dann einen unvergesslichen Ausblick von dem Podest des ungesicherten Felsens aus.

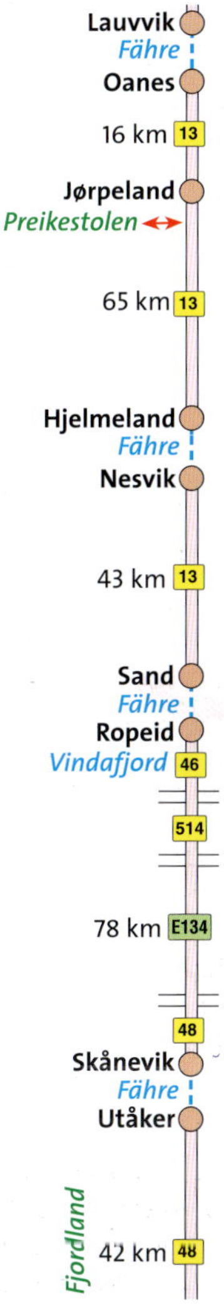

ten des Landes zu entdecken, den **Prekestolen**, vielfach auch als Preikestolen bezeichnet (siehe Kasten Seite 100).

Fährenfahrten nach Skånevik

Die Erinnerung an die Aussicht vom **Prekestolen** wird den Wohnmobilreisenden noch lange auf der weiteren Route begleiten. Auf der Reichsstraße 13 wird man noch für viele Kilometer unterwegs sein. Sie gehört nicht zu den touristischen Routen und ist daher gering befahren. Allerdings wird sie an einigen Stellen eng. Grundsätzlich muss auf dieser interessanten Strecke vorausschauend gefahren werden. Von **Jørpeland** führt die Straße im Zickzack nach Norden – an Fjorden, Seen und kleinen Tälern entlang. In **Hjelmeland** erreichen wir den **Jøsenfjord** und setzen mit der Fähre nach **Nesvik** (15 Minuten) über.

Auf der landschaftlich sehr schönen Strecke passieren wir den kleinen **Erfjord** und später den schmalen **Lovrafjord**, bis wir in Sand ankommen. **Sand** (Campingplatz!) ist von Jørpeland 108 Kilometer entfernt. Der idyllische Ort bietet einen netten Hafen mit weißen Speicherhäusern und alten Schiffen sowie einen reißenden Fluss mit Stromschnellen. In aller Ruhe und Gelassenheit sehen wir uns erst einmal in dem Örtchen um, bevor wir mit der Fähre nach **Ropeid** (10 Minuten) übersetzen.

Auf der Reichsstraße 46 geht es am **Vindafjord** und dem schmaleren **Sandeidfjord** entlang über die Reichsstraße 514 auf die E134, die man lediglich für 28 Kilometer in nordöstlicher Richtung befährt. Wir sind nun in der Provinz Hordaland unterwegs. Von der E134 biegen wir auf die Reichsstraße 48 ein und erreichen nach 14 Kilometern den Fähranleger **Skånevik**.

Oben und unten: Eine Pause lohnt am Hafen von Rosendal oder am Fjord.

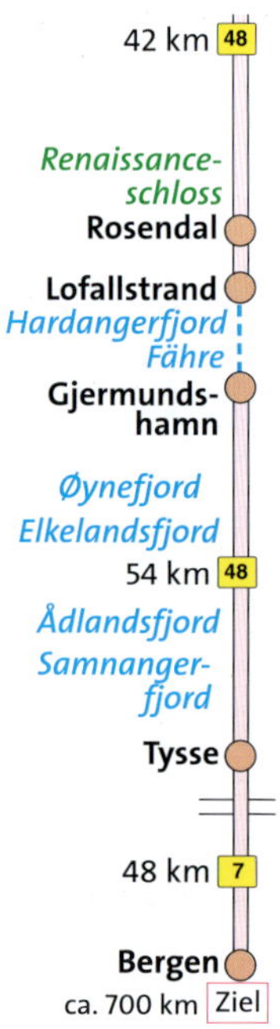

Von einem Fjord zum nächsten

Über den gleichnamigen **Skånevikfjord** geht es nach **Utåker**. Diese herrliche Küstenstraße, die Reichsstraße 48, führt uns wirklich mitten durch das Fjordland. Man erreicht den reizvollen Ort **Rosendal**, die **Baronie Rosendal**. Hier befindet sich ein Renaissanceschloss (Museum), das 1665 erbaut wurde und ein beliebtes Ausflugsziel ist. Besonders schön ist der Park mit dem Rosengarten. Nach wenigen Kilometern rollen wir wieder auf eine Fähre zu. Die Fähre von **Lofallstrand** nach **Gjermundshamm** ist vorerst die letzte Fährpassage, was sicherlich auch die Urlaubskasse entlastet. Es geht über den großen **Hardangerfjord**. Die Region ist das größte Obstanbaugebiet des Landes und so kann man sich im Mai und Juni an den vielen blühenden Apfel- und Kirschbäumen erfreuen. Die Reichsstraße 48 bietet im weiteren Verlauf herrliche Blicke auf den **Øynefjord**, den **Elkelandsfjord**, den winzigen **Ådlandsfjord** und den **Samnangerfjord**. Nach der Ortschaft **Tysse** erreichen wir die Reichsstraße 7, die uns Richtung **Bergen** führt. Diese lebendige Hansestadt wird ausführlich im Rahmen der Route 1 (siehe Seite 28) vorgestellt. Je nach Resturlaubszeit kann man in Bergen entscheiden, welche Route man nun zurückfährt.

Es besteht auch die Möglichkeit, von **Bergen** nach **Hirtshals** in Dänemark (Color Line) oder von **Bergen** nach **Hanstholm** (Fjord Line) mit der Fähre zurückzufahren.

» ADRESSEN

Fähre: Hirtshals–Kristiansand (www.colorline.de), Lauvvik–Oanes, Hjelmeland–Nesvik, Sand–Ropeid, Skånevik–Utåker, Løfallstrand–Gjermundshamn, Bergen–(Stavanger)–Hirtshals (www.colorline.de) oder Bergen–Hansthom (www.FjordLine.de)

Touristeninformationen

Kristiansand: Vestre Strandgate 32, 4612 Kristiansand, Tel. 38 12 13 14, www.sorlandet.com
Mandal: Bryggegate 10, 4514 Mandal, Tel. 38 27 83 00, www.regionmandal.com
Stavanger (Zentrum): Rosenkildetorget 1, 4005 Stavanger, Tel. 51 85 92 00, www.regionstavanger.com

Karten

Kümmerly + Frey Nr.1 (Cappelen kart) »Südnorwegen« (1:335.000) oder entsprechende Atlaskarten im Autoatlas »Norden« von Statoil oder Shell (an norwegischen Tankstellen!)

Camping

Kristiansand (N58°07'20,1" – E08°03'57,6")
Der Campingplatz »Dvergsnestangen Senter« liegt im Schärengarten von Kristiansand und ist zwölf Kilometer entfernt. Der Vier-Sterne-Platz ist sehr gut ausgestattet und bietet Bademöglichkeiten.
Tel. 38 04 19 80, www.kristiansandferiesenter.no

Mandal (N58°01'17,6" – E07°26'45,7")
Vom Zentrum Mandal befindet sich der Campingplatz »Sjøsanden Feriensenter« rund 800 Meter entfernt. Er ist ein Platz der gehobenen Kategorie und bietet Bade- und Wandermöglichkeiten. Rund 300 Stellplätze und ein modernes Sanitärgebäude stehen zur Verfügung.
Tel. 38 26 14 19

Lindesnes (N57°59'44,9" – E07°05'22,3")
»Lindesnes Camping og Hytteutleie« ist der südlichste Campingplatz in Norwegen und liegt direkt am Meer. Er bietet in einer herrlichen Natur gute Angel- und Wandermöglichkeiten.
Tel. 38 25 88 74, www.lindesnescamping.no

Flekkefjord (N58°17'20,4" – E06°42'55,4")
Der Campingplatz »Egenes Camping Ferie og Fritidssenter« befindet sich auf einer Halbinsel in dem See Selurvannet, nahe Flekkefjord. Er bietet ein umfangreiches Angebot an Aktivitäten, u. a. Norwegens erste Wasserskibahn.
Tel. 38 32 01 48, www.egenes.no

Egersund (N58°28'41,1" – E05°59'46,6")
»Steinsnes NAF Camping« befindet sich 3 Kilometer nördlich von Egersund. Er hat ebene Stellplätze und liegt am Fluss Bjerkreimselven (Lachsfischen!).
Tel. 51 49 41 36

Bore/Jæren (N58°47'56,5" – E05°33'13,4")
Im nördlichen Teil von Jæren, nahe der Ortschaft Bore, liegt der Campingplatz »Bore Strandcamping«. Er ist 100 Meter von Norwegens längstem Strand entfernt. Ihn erreicht man über die Reichsstraße 507.
Tel. 97 61 66 23, www.borestrand.no

Stavanger (N59°25'39,6" – E05°15'31,2")
»Stavanger Camping Mosvangen« ist vom Zentrum 2 Kilometer entfernt und liegt an dem kleinen See Mosvatnet in ruhiger Lage.
Tel. 51 53 29 71, www.stavangercamping.no

Jørpeland (N58°59'57,2" – E06°05'32,7")
»Preikestolen Camping« ist ein guter Ausgangsplatz, um die Wanderung zum Prekestolen zu starten. Der Ort Jørpeland ist 5 Kilometer und der Parkplatz Preikestolen 2 Kilometer entfernt.
Tel. 51 74 97 25, www.preikestolencamping.no

Vikeland
»Søndenaastranden Camping« befindet sich in dem kleinen Ort Vikeland am Sandeidfjorden.
Tel. 52 76 03 29

Etne/Åkrafjord (N59°44'42,9" – E06°06'41,0")
Der Campingplatz »Pluscamp Kyrping« liegt am Åkrafjord und verfügt über einen eigenen Badestrand. Abfahrt von der E134 an der Tankstelle Tjelmeland.
Tel. 53 77 08 80, www.kyrping-camping.no

Husnes (N59°51'24" – E05°46'14,2")
In Husnes nahe Sunde befindet sich »Husnes Camping«.
Tel. 53 47 32 52, www.vestkyst.no

Camping in **Bergen** siehe Tour 1 (Seite 57).

Sommerliche Temperaturen laden zum Sonnenbaden ein.

5 RUND UM DEN TRONDHEIMFJORD

Mittelnorwegen abseits der Touristenströme

Start- und Endpunkt: Trondheim **Strecke:** E 6, 755, 715, 717, 718, 710 und 65
Fahrtzeit: 5–8 Tage (ohne Anreise) **Streckenlänge:** ca. 420 km

Geheimtipp für Individualreisende: eine Tour durch Mittelnorwegen. Abseits der Touristenströme birgt die Region um den Trondheimfjord attraktive Urlaubsmöglichkeiten. Baden, Wandern, Bootfahren oder Angeln: Hier kommt jeder auf seine Kosten und zum wahrlich krönenden Abschluss erwartet Sie ein Besuch in Trondheim, der Sommerresidenz des norwegischen Königs.

Viele Reisende legen lediglich auf dem Weg in den Norden oder auf der Rückreise von den Lofoten oder vom Nordkap eine Stippvisite in Trondheim ein. Besucher, die gezielt die mittelnorwegischen Provinzen Süd-Tröndelag und Nord-Tröndelag als Reiseregion auserkoren haben, sind jedoch eher die Seltenheit. Aber gerade das macht den Reiz dieses Landesteils aus. Rund um den mächtigen Trondheimfjord, den zweitlängsten Fjord des Landes, kann man noch wirklich die Seele baumeln lassen. Hier kann man kleine idyllische Orte entdecken, die selbst den meisten Norwegern unbekannt sind, und sich Zeit für interessante Sehenswürdigkeiten wie die Felszeichnungen, ein Schloss, ein Kloster oder eine alte Werft nehmen. Hier ist auch im wahrsten Sinne des Wortes viel Raum für Urlaubsaktivitäten und so kann man nach Herzenslust wandern, Boot fahren, baden oder angeln. Bei der Rundreise um den Trondheimfjord muss jedoch niemand auf eine pulsierende Stadt verzichten, denn für Lebendigkeit und hochkarätige Attraktionen sorgt Trondheim, das zweifelsfrei zu den ansehnlichsten Städten des Landes gehört. Nicht ohne Grund befindet sich hier die Sommerresidenz des Königs. Königlich bedient wird der Individualurlauber, der in Norwegen eine Route abseits der »ausgetretenen Pfade« sucht.

Auf dem Weg zur Metropole

Ausgangspunkt dieser Reise rund um den großen **Trondheimfjord**, der sich rund 130 Kilometer durch das Land schlängelt, ist die Metropole **Trondheim**, die man in aller Ruhe besuchen sollte. Aufgrund der freundlichen Atmosphäre und der vielen Attraktionen sollte man zwei Tage für die historisch bedeutsame Stadt einplanen. Es ist nicht ratsam, mit dem (großen) Wohnmobil einen Parkplatz im

Linke Seite: Idyllische Bucht am Trondheimfjord

Links: Speicherhäuser am Fluss Nidelva in Trondheim

Der Dom von Trondheim ist von weit her sichtbar.

Stadtzentrum zu suchen. Nervenschonender ist die Fahrt auf den kostenlosen Wohnmobilstellplatz (rund drei Kilometer nordöstlich vom Stadtzentrum an der E6) und die entspannte Fahrt mit dem City-Bus ins Stadtzentrum.

Trondheim – das Herz von Mittelnorwegen

Gerne betitelt sich **Trondheim** als »Norwegens historische Hauptstadt« oder als die »Stadt des Wikingerkönigs«. Diese Bezeichnungen weisen auf eine lange Stadtgeschichte hin und in der Tat feierte Trondheim im Jahr 1997 sein 1.000-jähriges Jubiläum.

Die Stadt mit ihren rund 160.000 Bürgern ist lebendig wie eh und je und kann den Besucher über Tage pausenlos beschäftigen. Trondheim ist die Provinzhauptstadt von **Sör-Tröndelag** und nach **Oslo** und **Bergen** die drittgrößte Stadt des Landes. Die Mischung aus monumentalen Bauwerken, idyllischen Winkeln, ruhespendenden Grünanlagen und interessanten Sehenswürdigkeiten kennzeichnen diese Stadt.

Trondheim präsentiert sich heute als moderne mittelnorwegische Großstadt mit einem wichtigen Hafen und breit gefächerten Industriezweigen. Es ist Sitz des evangelischen und katholischen Bischofs und bedeutender Lehranstalten. 1910 wurde die erste norwegische Technische Hochschule eingerichtet, gegenwärtig ist die Universität mit rund 20.000 Studenten nach Oslo die zweitgrößte Hochschule Norwegens.

In Trondheim befindet sich die Sommerresidenz des Königs und die Staatsoberhäupter werden im imposanten **Nidarosdom** gekrönt. Spätestens die Traumhochzeit von Kronprinz Håkon und Mette-Marit 2001 hat den Dom über die Landesgrenzen hinaus bekannt gemacht.

Der Sport spielt in Trondheim eine wichtige Rolle und bekannt ist der erfolgreiche Fußballverein Rosenborg Ballklub. Den Urlauber erwartet ein vielseitiges Angebot. Unter anderem stehen hier Wassersport, Wintersport, Trabrennen, Reiten und Golf auf der Liste der Aktivitäten.

Ein Blick auf die Stadtgeschichte

In der frühen Wikingerzeit war das Gebiet rund um das heutige Trondheim an der Mündung des Flusses **Nidelva** schon ein Machtzentrum, das zu dieser Zeit Trondheim hieß.

Im Jahr 997 ließ dann der junge und aufstrebende Wikingerkönig Olav Tryggvason die erste Kirche und eine Königsresidenz bauen und machte aus dem Ort einen wichtigen Handels- und Regierungssitz mit dem Namen **Nidaros**. Nur drei Jahre nach der Stadtgründung starb Olav Tryggvason und so übernahm Olav Haraldson nach einem lang andauernden Streit das Zepter.

Im Jahr 1030 starb er in der historisch bedeutenden Schlacht bei **Stiklestad** und wurde später in Nidaros beigesetzt. Mit seinem Tod brach zeitlich in Norwegen das Mittelalter an, das Christentum setzte sich durch. Der verstorbene König Olav, der die Christianisierung vorantrieb, wurde heiliggesprochen und als Nationalheiliger verehrt. Unzählige Gläubige aus Norwegen und Schweden pilgerten an sein Grab. Nidaros, das spätere Trondheim, erfuhr ein rasches Bevölkerungswachstum und im Jahr 1070 begann man dann mit dem Bau des heute so stolzen Domes.

Die starken Pilgerströme hielten jedoch nur bis zur Reformation im Jahr 1537 an. In der Folgezeit siedelten sich produktive Industrien an, ein Hafen wurde gebaut und die Holzwirtschaft florierte. Immer wieder suchten verheerende Stadtbrände die weltliche und geistliche Hauptstadt Norwegens heim. Nach dem katastrophalen Feuer von 1681 wurde der General Johan Caspar de Cicignon mit dem Wiederaufbau der Stadt beauftragt. Er ließ eine Stadt bauen mit Vierteln, die durch breite offene Straßen getrennt sind. Diese sollten bei Bränden das Übergreifen des Feuers verhindern. Allerdings kann man an vielen Stellen insbesondere auf den Wällen und in schmalen Gassen noch das historische Trondheim erkennen.

Trondheim ist eng verbunden mit einem wichtigen Ereignis der norwegischen Schifffahrt: Im Jahr 1893 startete das erste Hurtigrutenschiff von Trondheim in Richtung Hammerfest.

Glücklicherweise ist Trondheim von Kriegszerstörungen verschont geblieben und verfügt daher über viele sehenswerte alte Bauwerke, allen voran der mächtige Nidarosdom (siehe Kasten).

» SEHENSWERT

Der Nidarosdom

Sicherlich wird es den Reisenden wie einst die unzähligen Pilger zuerst zum unübersehbaren Nidarosdom ziehen. Dieses beeindruckende Gotteshaus gehört zu den wichtigsten sakralen Bauwerken Skandinaviens und ist zugleich eines der größten mittelalterlichen Gebäude in Nordeuropa. Es wurde über dem Grab von Olav dem Heiligen errichtet und in der Folgezeit mehrmals von Bränden zerstört und wiederaufgebaut. 1869 begannen die Trondheimer mit erstarktem Nationalbewusstsein mit der planmäßigen Wiederherstellung und so konnte im Jahre 1930 der Dom anlässlich des 900. Todestages von König Olav dem Heiligen neu geweiht werden. Die ältesten Teile des Domes stammen aus dem 12. Jahrhundert. An der Westfront liegt die kunstvoll gestaltete Hauptfassade mit unzähligen prachtvoll gehauenen Statuen mit biblischen Motiven. Das Querschiff ist romanisch und die übrigen Teile sind größtenteils gotisch. Im Inneren fasziniert der Dom zunächst durch seine Größe. Über dem Hochchor wölbt sich das gotische Kuppelachteck und daran schließt sich der 26 Meter lange, dreischiffige Langchor. Es folgt das Querschiff und das rund 43 Meter lange Hauptschiff. Zu dem beachtenswerten Inventar gehören die Orgel (1930) und die leuchtend bunten Glasfenster, die zwischen 1913 und 1934 geschaffen wurden. Den lohnenswerten Dombesuch sollte man mit dem Aufstieg auf den Turm krönen. Hier bietet sich ein unvergesslicher Ausblick auf die schöne Stadt und das Umland (www.nidarosdomen.no).

Der Nidarosdom beeindruckt auch im Inneren.

Von der Säule blickt »Olav Tryggvason« herab.

Stadtbummel durch Trondheim

Nach einer Pause am benachbarten Ufer des Flusses **Nidelva** bietet sich ein Besuch im erzbischöflichen Palais **Erkebisgården** neben dem Dom an. Dieses prächtige mittelalterliche Gebäude gehört wie der Dom zu den ältesten nordeuropäischen Bauwerken und wurde bereits in der zweiten Hälfte des 12. Jahrhunderts gebaut. Der älteste Teil des Gebäudes ist der Nordflügel, der auch zu Repräsentationszwecken genutzt wird. Im Westflügel sind heute die Rüstkammer und das Museum der Widerstandsbewegung untergebracht.

Geht man wieder zurück zum Dom und biegt dann nach rechts ab, stößt man auf die alte Stadtbrücke **Gamle Bybro** über den Nidelva. Von der stark frequentierten Brücke hat man einen schönen Blick auf die alten Speicherhäuser entlang des Flusses Nidelva. Ursprünglich standen auf beiden Seiten der Brücke Zoll- und Wächterhäuschen. Heute ist in einem der Häuschen ein Kindergarten untergebracht.

» SEHENSWERT

Der einzige Fahrradaufzug der Welt
In Bakklandet, einem herausgeputzten, lebendig hübschen Stadtteil, befindet sich eine Attraktion der besonderen Art: der Fahrradaufzug. Hierbei handelt es sich um den weltweit einzigen Fahrradaufzug, mit dessen Hilfe die Radfahrer den steilen Hügel hinaufgeschoben werden. Sie bleiben auf dem Rad sitzen, stellen den rechten Fuß auf eine kleine Rampe und nachdem sie eine Geldmünze in den Automaten geworfen haben, werden die »müden Radfahrer« die 130 Meter lange Strecke hinaufgeschoben – eine kuriose Gaudi, die man ausprobieren sollte!

Unerschütterlich stehen die bunten Speicherhäuser auf ihren Pfählen im Wasser. Die Ältesten unter ihnen beweisen schon seit dem 18. Jahrhundert ihre Standfestigkeit. Jahr für Jahr erhalten einige von ihnen einen neuen Anstrich und so ändert sich immer wieder das Bild dieser hübschen Häuserzeile. Die Häuser auf der östlichen Uferseite sind jüngeren Datums, sie stammen aus dem 19. und 20. Jahrhundert.

Museen, Burgen und Kirchen

Spannende Museen erwarten uns in Trondheim. So z. B. das Museum des Kunstgewerbes, der Wissenschaft, der Schifffahrt oder das norwegische Telefonmuseum.

Besichtigt werden kann auch das 1778 fertiggestellte »Stiftsgården«, das größte Holzpalais Skandinaviens. Seit es die Residenz der königlichen Familie ist, kennt dieses Holzpalais jeder Norweger. Einen Steinwurf entfernt befindet sich der Marktplatz Torget. Im Sommer sollte man sich an einem der vielen Marktstände eine Schale saftiger norwegischer Erdbeeren kaufen und beim Verspeisen den Trubel rund um die mächtige Säule beobachten. Von oben herab schaut Olav Trygvasson den Besuchern zu, wie sie sich Informationen in der Touristeninformation besorgen oder in das große Einkaufszentrum strömen. Sein Blick fällt auch auf die Liebfrauenkirche »Vår Frue Kirke«, die ursprünglich aus dem 13. Jahrhundert stammt und 1739 umfangreich restauriert wurde. Wer die historischen Bauwerke ausreichend besichtigt und bestaunt hat, wird im weltweit nördlichsten botanischen Garten in Ringve mit rund 2.000 Pflanzenarten genussvolle Entspannung finden.

Im Freilichtmuseum Tröndelag Folkemuseum in **Sverreborg** westlich des Zentrums erhält man einen Einblick in die norwegische Stadt- und Dorfkultur. Neben zahlreichen alten Gebäuden ist dort die nördlichste Stabkirche des Landes aus Haltdalen (um 1170 erbaut) zu bewundern.

Von den Ruinen der **Burg Sverres** hat man einen herrlichen Ausblick über den mächtigen Trondheimfjord, der im weiteren Verlauf der Reise von dem Wohnmobilreisenden noch umrundet wird.

Fisch für die Fahrt

Für die anstehende Tour sollte man ausreichend Proviant an Bord haben. Wie wäre es mit frischem Fisch? Am Fischmarkt **Ravnkloa** kann man stets frischen Fisch kaufen, in dieser großen Fischhalle ist die Auswahl einfach riesig. In der Nähe der Fischhalle legen stündlich die Fähren ab und bringen die Ausflügler auf die kleine vorgelagerte Insel **Munkholmen**. Um das Jahr 1000 ist auf dieser »Mönchinsel« ein Benediktinerkloster errichtet worden. Es gehörte zu den ersten Klöstern Skandinaviens. 1658 wurde das Kloster zu einer Festung und zu einem Gefängnis umgebaut. Heute ist die kleine Insel ein beliebtes Ausflugsziel mit Badeplatz, Ausstellungen des Kunsthandwerks und einem Restaurant.

Der »Stiftsgården« ist die Sommerresidenz der Königsfamilie.

In Alstadhaug steht die interessante Steinkirche aus dem 12. Jahrhundert.

» EINKEHRTIPP

Essen und Trinken
Die alten Speicherhäuser am Nidelva gehören zu den Wahrzeichen der Stadt. Wer auch mal das Innenleben der alten Holzhäuser auf angenehme Weise kennenlernen möchte, sollte das Restaurant »Dickens« besuchen. In gemütlicher Atmosphäre kann man hier speisen oder einfach nur ein leckeres skandinavisches Bier trinken. In der Mittagszeit werden günstige Menüs angeboten: Kjøpmanngate 57, Tel. 73 51 57 50.

Von Trondheim nach Stjørdal

Nachdem man in das Alltagsleben einer der schönsten Städte Norwegens eingetaucht ist und viel über Geschichte und die historischen Bauwerke erfahren hat, wird die Vorfreude auf die Naturerlebnisse rund um den **Trondheimfjord** groß sein.

Wir beginnen die Fahrt auf der E6 in östliche Richtung. Nach 25 Kilometern passieren wir den Ort **Hommelvik** und haben anschließend einen Blick auf den **Stjørdalsfjord**, einen Nebenfjord des Trondheimfjords.

Nach weiteren zehn Kilometern erreichen wir die Industriestadt **Stjørdal**. Zu ihren Sehenswürdigkeiten gehört die Værnes Kirche. Sie wurde bereits im Jahr 1085 erbaut und gehört zu den ältesten Gotteshäusern des Landes. Im Inneren sollte man sich den offenen hölzernen Dachstuhl mal genauer ansehen. In der Nähe befindet sich auch das sehenswerte Freilichtmuseum **Stjørdal Museum Værnes** (Tel. 74 82 70 21).

Rast auf dem Grabhügel von Alstadhaug

Weiter geht es über die gut ausgebaute E6 in nördliche Richtung. Vorbei am kleinen **Faettenfjord** und dem See **Hammervatnet** gelangen wir zum Trondheimfjord. Hier steht die riesige Papierfabrik Norsk Skog, ein wichtiger Arbeitgeber für die Region. Nach wenigen Kilometern verlassen wir die E6 und fahren nach **Alstadhaug**. Bereits von der Straße aus ist die herrliche Kirche von Alstadhaug zu sehen. Die weiße Steinkirche stammt aus dem 12. Jahrhundert und beeindruckt im Inneren durch ihre Wandmalereien über der Apsis. Vor dieser mittelalterlichen Kirche wurde ein Grabhügel errichtet, der mit einem Durchmesser von 55 Metern und einer Höhe von sechs Metern zu den Größten in Mittelnorwegen gehört. Auf dem Grabhügel kann man auf einer Bank Platz nehmen und den Blick auf den großen Fjord genießen.

Zurück über die E6 sind es noch acht Kilometer bis nach **Levanger**. An der Kirche sind ausreichend große Parkplätze vorhanden, sodass wir von hier unseren kleinen Stadtrundgang beginnen können. **Levanger** ist der Hauptort der gleichnamigen Kommune und bietet eine nette Innenstadt mit Fußgängerzone und Fischereihafen.

Der heilige Olav

Wir folgen nun der Europastraße 6 und erreichen zunächst mit **Verdalsöra** eine weitere Industriestadt. In Verdalsöra biegen wir in

» KULTURTIPP

Olavsfest

Trondheim ist zweifelsohne eine lebendige Stadt. Zwischen Ende Juli und Anfang August wird ausgiebig das Olavsfest gefeiert (Olavsfestdagene). Es ist das größte norwegische Kirchen- und Kulturfestival und beginnt mit einer beeindruckenden Prozession. Mehr als 300 Veranstaltungen, darunter Konzerte, Theateraufführungen und Opern sowie Kleinkunst locken unzählige Besucher an. Für den Reisenden lohnt sich insbesondere der Besuch des historischen Marktes oder der Ritterturniere. Die meisten Veranstaltungen finden rund um den Nidarosdom statt.
Infos unter www.olavsfestdagene.no.

Richtung **Stiklestad** ab. Der zwar kleine, aber umso geschichtsträchtigere Ort Stiklestad ist jedem Norweger und vielen Norwegenkennern bekannt. König Olav Haraldsson starb hier im Jahr 1030 beim Kampf gegen ein Bauernheer. An der Stelle, an der er den Tod fand, steht heute die sehenswerte Kirche aus dem Jahr 1180. Nach seinem Tod setzte sich das Christentum endgültig durch und seither wird der nunmehr heilige Olav als Nationalheiliger verehrt. Einst zogen die Pilger an sein Grab nach Trondheim, heute ist es ein Theaterpublikum, das sich im Freilichttheater von Stiklestad einfindet. Hier wird Ende Juli an mehreren Tagen das Theaterstück »Spiel um Olav den Heiligen« aufgeführt. Rund 20.000 Zuschauer sind dann Gäste in einem der größten Freilichttheater Skandinaviens. Während des elftägigen Festivals ist auch der mittelalterliche Markt eine Attraktion und im Kulturzentrum ist ganzjährig eine informative Ausstellung über die Zeit um das Jahr 1030 zu sehen (Tel. 74 04 42 00, www.stiklestad.no).

Auf der Suche nach Blaubeeren

Von **Stiklestad** geht es zurück zur E6 und in nördliche Richtung bis nach **Steinkjer**, einer

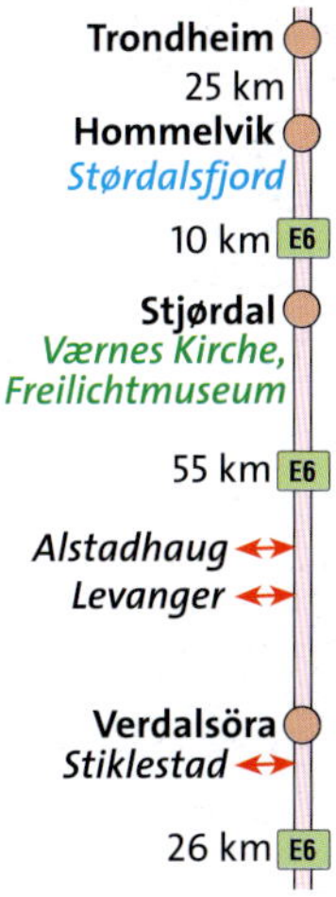

Von Alstadhaug hat man einen herrlichen Ausblick über den Trondheimfjord.

Industriestadt am **Beitstadfjorden**. Dieser Fjord mit Nebenfjorden ist durch einen schmalen Sund mit dem Trondheimfjord verbunden. Steinkjer wurde im Zweiten Weltkrieg teilweise zerstört und seit dem Wiederaufbau ist das Stadtbild eher zweckmäßig als schön. Architektonisch betrachtet ist die Kirche aus dem Jahr 1965 von außen und von innen sehenswert. Eine ganz besondere Attraktion ist die schiffsförmige Steinsetzung aus 38 Steinen. Sie ist der Rest eines großen Gräberfeldes aus der jüngeren Eisenzeit und wurde zwischen 600 und 1030 n. Chr. errichtet. Die einzigartige Schiffssetzung befindet sich vor dem Hotel »Tingvold Park Hotel«.

Nur rund drei Kilometer nördlich von Steinkjer (nach dem Tunnel links abbiegen) sollte man sich in dem schönen Freilichtmuseum **Egge** eine Auszeit gönnen. Im Egge-Museum kann man sich über die Landwirtschaft, wie sie im 19. Jahrhundert betrieben wurde, ausführlich informieren. Die alten Häuser beherbergen ein authentisches Inventar. Fährt man die Straße hinauf zum »Egge Gård«, kann man auf der Anhöhe **Eggevammen** auf einem ganz besonderen Pfad spazieren. Dieser Pfad bietet einen schönen Ausblick auf Steinkjer und führt vorbei an etlichen Grabhügeln. Mit einer Länge von rund 1,3 Kilometern und 33 Gräbern gehört das Grabfeld zu den größten seiner Art in Nordeuropa. Wer aufmerksam die Sträucher begutachtet, wird jede Menge wohlschmeckender Blaubeeren und Walderdbeeren entdecken.

Landwirtschaft nahe Steinkjer

Wir setzen unsere Rundreise um den **Trondheimfjord** in südliche Richtung fort. Von der E6 biegen wir rund acht Kilometer südlich von **Steinkjer** rechts auf die Straße 761 ab und folgen ihr bis zur Straße 755. Eine flachwellige Landschaft liegt rechts und links von uns, auf der intensiv Landwirtschaft betrieben wird. Die Region gehört mit dem **Gudbrandsdal** zu den ertragreichsten Agrarregionen des Landes. Kühe sind auf den Weiden, ein Geruch von Landwirtschaft liegt in der Luft – das Bild ähnelt den Agrargebieten Südschwedens.

Die Schiffssetzung in Steinkjer gehört zu den vielen Zeugnissen aus der jüngeren Eisenzeit.

Auch im weiteren Verlauf wird man immer wieder feststellen, dass rund um den Trondheimfjord die Landwirtschaft ein wichtiger Wirtschaftszweig ist. Wir bleiben nun auf der Straße 755 und fahren in südwestliche Richtung (Richtung **Leksvik**). Als erste Attraktion erreichen wir die kolossale **Skarnsundbrücke**, die über den **Skarnsund** führt. Hier muss zunächst eine Brückenmaut bezahlt werden. Direkt hinter der Brücke gibt es einen schönen Rastplatz mit Bänken und Toiletten, der zu einer kleinen Pause in herrlicher Aussicht einlädt. Wir befinden uns nun auf

» SEHENSWERT

Skarnsundbrücke
Mit viel Aufmerksamkeit sollte man die Skarnsundbrücke betrachten, denn sie ist die längste Stahlseilbrücke der Welt. Die Fahrbahn hängt an langen Stahltrossen. 1991 wurde die mautpflichtige Brücke eröffnet und hat seitdem schon so einige Architekturpreise gewonnen. Die beiden Pylonen haben eine beachtliche Höhe von 152 Metern. In der Nähe der Brücke findet man mit den Felszeichnungen von Kvennavika eine besondere Attraktion. Man fährt vom Parkplatz die Straße hinab und unter der Brücke durch. Nach einigen Kilometern parkt man rechts unterhalb der Straße auf dem Parkplatz am Ufer. Ein Weg geht rund 200 Meter in den Wald hinauf. Diese schlecht erschlossene und kostenfreie Sehenswürdigkeit ist nur wenig besucht und so kann man in aller Ruhe die in den Fels geschlagenen Fische – Heilbutte und Flundern – betrachten. Experten schätzen das Alter der Felszeichnungen auf rund 5.000 Jahre.

Oben: Die Skarnsundbrücke hat eine gigantische Spannweite.

Links: Das interessante Egge-Museum

Oben: Blick auf Vanvikan

Unten: Viehwirtschaft in Stadsbygd

der großen Halbinsel **Fosen**. Erst auf den zweiten Blick ist Fosen als Halbinsel zu erkennen. Sie ist umschlungen vom »Meer« – dem Trondheimfjord und dem Beitstadfjord.

Urlaubsidyll pur in Stadsbygd

Weiter geht es über die 755 vorbei an kleinen und großen Seen, in den dichten Wäldern wurde schon so mancher Elch gesichtet. In **Leksvik** stoßen wir dann wieder auf den **Trondheimfjord**. Genüsslich geht es nun immer an der Küste entlang und links haben wir einen herrlichen Blick über den Fjord. Immer wieder fahren wir an Frachtern vorbei, die ihre Güter nach Trondheim transportieren.

Am **Munkstigen**, einem der längsten Kletterpfade in Nordeuropa, beobachten wir Kletterer, die den steilen und überwiegend nackten Felsen oberhalb der Straße scheinbar mühelos erklimmen.

Eine Pause lohnt sich in dem kleinen Ort **Vanvikan**. Im Hafen hat man einen schönen Ausblick über den an dieser Stelle sehr breiten Trondheimfjord. Nach Vanvikan fahren wir die Straße hinauf und wechseln erst auf die 715 und später auf die Straße 717 bis zum zersiedelten Ort **Stadsbygd**. Auch hier bestimmt die Landwirtschaft den Alltag: Kühe grasen in Meeresnähe und das Getreide schwingt sanft im Fjordwind. Die Urlaubsidylle scheint perfekt zu sein. Wenige Urlauber sind unterwegs und die Region strahlt eine unvergleichliche Ruhe aus. Hier sind authen-

» KULTURTIPP

Freilichtmuseum Kystens Arv

In vielen Reiseländern sind die hochkarätigen Touristenattraktionen nicht nur viel besucht, sondern auch stark kommerzialisiert. Ganz anders präsentiert sich das Freilichtmuseum Kystens Arv in Stadsbygd. Auf dem Gelände am Ende eines Kanals befindet sich diese schöne Werft und lädt den Besucher ein, sich eingehend über den traditionellen Bootsbau und die Lofotfischerei zu informieren. Wie vor Hunderten von Jahren werden hier noch heute die Holzboote manuell gefertigt und finden regen Absatz. Joost, einer der freundlichen Bootsbauer, erzählt von der Handwerkskunst, die von Generation zu Generation weitergegeben wird. Er arbeitet gerade an einem typischen Åfjord-Boot, jenem schmalen Holzsegelboot mit einem Rahsegel, das stark an die Wikingerboote erinnert. Mit Ruhe und viel Herzblut werden die Boote gebaut, für ein 15 Fuß langes Ruderboot wird rund einen Monat lang gesägt, gehobelt, genagelt und gestrichen. Sehr anschaulich informiert das Museum über die Lofotfischerei: Ab 1806 zog es die Fischer rund um den Trondheimfjord zu den reichen Dorschschwärmen in den weit entfernten Lofoten. Das benötigte Fischerboot ist ebenso zu bewundern wie ein Fischerhaus (Rorbu), der Stockfisch, um den sich alles drehte, hängt an den Gestellen im Museum. Abschließend informiert Lars Isak noch über das Freilichttheater, das am Kanal gebaut wurde. Hier wird alljährlich im Sommer das Theaterstück »Der letzte Wikinger« (Den siste Viking), basierend auf dem Roman des aus der Region stammenden Schriftstellers Johan Bojer, aufgeführt: Tel. 73 58 55 60, www.kystensarv.no.

Der alte Leuchtturm »Rødberg Fyrstasjon«

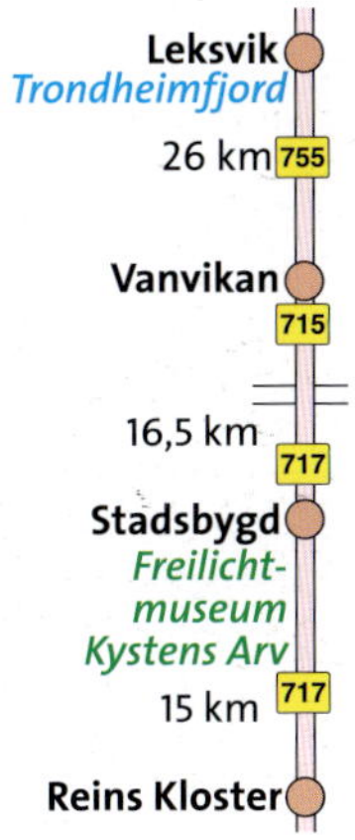

tische Urlaubserlebnisse garantiert und wir fühlen uns auf Anhieb geborgen. Am kleinen Hafen lassen wir auf den nackten Felsen unterhalb des weißen Leuchtturmes die Seele baumeln. Wir beobachten den Schiffsverkehr und nehmen den Leuchtturm **Rødberg Fyrstasjon** unter die Lupe. Er stammt von 1881 und stand ursprünglich auf den Lofoten. Einst half eine Glocke den Seefahrern hier bei der Orientierung. Zu der eindrucksvollsten Sehenswürdigkeit rund um den großen Fjord gehört in **Stadsbygd** die alte Werft **Kystens Arv** (siehe Kasten). Auf dem Parkplatz der Werft besteht für Wohnmobilreisende die Möglichkeit zu übernachten.

Johan Bojer und Reins

Auf der 717 geht es weiter. Nach rund 15 Kilometern erreichen wir das **Reins Kloster**, ein weiteres lohnenswertes Ziel in der Region. Auf dem Parkplatz mit Informationshäuschen ist ausreichend Platz vorhanden. Oberhalb stoßen wir auf eine große Klosterruine aus dem 13. Jahrhundert und ein Heimatmuseum, in dem man sich über das Leben und Werk des Schriftstellers Johan Bojer informieren kann. Das prächtige weiße Haus nebenan gehört der Familie Horneman, die zu den

Informationen vom Bootsbauer in Kystens Arv

Oben: Überreste des Reins-Klosters

Unten: Außen wie innen sehenswert – die Rein-Kirche

größten Milchproduzenten des Landes gehören. In dem angegliederten Park informiert ein Naturlehrpfad über die Flora und Fauna. Nicht versäumen sollte man einen Besuch in der roten Rein-Kirche. Sie ist die Nachbildung der Kirche von 1649 und wurde dank der Spende von Johan Bojer 1932 erbaut. Im Inneren beeindruckten der originale Altar aus dem Jahr 1692 und die protestantische Bibel von 1589, von denen es nur noch acht in Norwegen gibt.

Råkvåg – Stadt der Heringe

Der weitere Streckenabschnitt führt über die 718 und bietet herrliche Ausblicke auf kleine Buchten wie **Hasselvika**, Inseln und den **Stjørnfjord** sowie später den kleinen Sørfjord. Dann fahren wir hinunter nach **Råkvåg** (4 Kilometer) und parken auf dem großen Parkplatz vor dem Supermarkt. Hier erkunden wir den schönen Fischerort, der zur Zeit der Heringsfischerei seine Blütezeit hatte. Heute reihen sich die großen Speicherhäuser aneinander und bilden ein sehr fotogenes Motiv. Ein Speicherhaus beherbergt das Kulturzentrum »Salteriet Kulturbrygge« mit einem aufschlussreichen Museum, das sich der Heringsfischerei und der Verarbeitung des Herings widmet. In einem weiteren Speicherhaus ist eine Kunstausstellung (Bryggeutstillinga) mit allerlei Kunst und Handwerkskunst zu sehen. In der Umgebung ist Råkvåg auch bekannt für seine Theateraufführungen im Rahmen des Festes »Råkvåg anno 1930«.

Abstecher nach Austrått

Zurück geht es wieder auf die Reichsstraße 718 und weiter durch ein Waldgebiet. Kurz vor der Abzweigung auf die 710 befindet sich links an der Straße ein schöner Parkplatz an dem See **Stora Gjøljvatnet**, der zu einer Pause förmlich einlädt. Nach der Abzweigung sind es noch 37 Kilometer bis nach **Brekstad**. Die Strecke führt durch Wälder und vorbei an klaren Seen. Vor Brekstad sollte man Richtung **Austrått** fahren. Hier befindet sich das sehenswerte Schloss Austråttborg und ein benachbarter schöner Campingplatz. Die Geschichte des weiß gekalkten Schlosses lässt sich bis in das 16. Jahrhundert zurückverfolgen. Es wurde im Renaissancestil erbaut und verfügt über eine interessante Kapelle mit Barockinventar. In der Umgebung ist auch das Austrått-Fort mit einem weltweit einzigartigen Kanonenturm, der während der deutschen Besatzungszeit errichtet wurde, zu sehen. Hier befindet sich auch das kriegshistorische Museum.

Proviant einkaufen in Orkanger

Wir verlassen die Halbinsel **Ørlandet** mit der Fähre über den **Trondheimfjord**. Nach dem Ablegen in **Brekstad** erreichen wir schon nach 20 Minuten den Fähranleger **Valset**. Von dort folgen wir der Reichsstraße 710 in südöstliche Richtung. Nach dem Fähranleger passieren wir ein paar kleine Campingplätze an der dünn besiedelten Küste. Erst nach 55 Kilometern stoßen wir in **Orkanger** auf eine Stadt. Die letzten Kilometer fahren wir am kleinen Orkdalsfjord entlang. Unübersehbar ist das gegenüberliegende Stahlwerk Elkem Thamshavn. Orkanger ist eine Industrie- und Hafenstadt, die keine besonderen Attraktionen zu bieten hat. Als wichtiges Versorgungszentrum bietet es gute Einkaufsmöglichkeiten. Zu den wenigen sehenswerten Bauwerken gehört in erster Linie das prächtige Herrenhaus »Bårdshaug«, in dem heute ein Hotel und Restaurant untergebracht ist, sowie die weiße Holzkirche von 1892.

Stjørnfjord
Rågvåg 718
See Stora Gjögavatnet
37 km 710
Schloss Austråttborg
Brekstad
Trondheimfjord
Fähre
Valset
55 km 710
Orkanger

Das massive Schloss Austråttborg

Das Herrenhaus »Bårdshaug« gehört zu den Attraktionen von Orkanger.

Wer sich für die Industriegeschichte der Region und des **Orklatales** interessiert, sollte über die Reichsstraße 65 das Tal hinauf bis nach **Løkken Verk** (25 Kilometer von Orkanger entfernt) fahren. Wir folgen nun dem Fluss **Orkla** entlang, der zu den lachsreichsten Flüssen des Landes gehört. Im Bergmannsdorf Løkken Verk stößt man auf ein informatives Industriemuseum und kann die alte Grube **»Gammelgruva«** besichtigen. In der Grube befindet sich auch die große Felsenhalle **Fagerli**, in der heute Konzerte namhafter Künstler stattfinden.

Von Orkanger nach Trondheim

Etwas ganz Besonderes ist die Fahrt mit der historischen Eisenbahn **Thamshavnbanen**, der ältesten elektrischen Eisenbahn der Welt. Sie verkehrt seit 1908 auf der 19 Kilometer langen Strecke zwischen Orkanger und Løkken. Sitzt man im alten Speisewagen, hat es den Anschein, als sei die Zeit stehen geblieben.

Von **Orkanger** geht es über die Reichsstraße 65 in östliche Richtung vorbei am **Orkdalsfjord** und der breiten Bucht **Gaulosen** wieder zur E6, die man nach rund 30 Kilometern erreicht. In nördliche Richtung gelangt man dann wieder in die lebendige Stadt **Trondheim**.

» TIPP

Essen und Trinken
In Løkken Verk befindet sich mit »Sans Bergmannkroa« ein interessantes Bergmannsrestaurant. In einem nostalgischen Bergmannambiente wird deftige heimische Kost serviert.
Wer in dem benachbarten Orkla-Fluss Lachs oder Seeforelle selbst fangen möchte, sollte sich im Restaurant bzw. Hotel nach einer Genehmigung erkundigen.
Tel. 72497679, www.sans-as.no

» ADRESSEN

Fähre: Von Brekstad nach Valset

Touristeninformationen

Trondheim (am Marktplatz): Munkegate 19/Torget, N-7411 Trondheim, Tel. 73807660, Fax 73807670, E-Mail: touristinfo@visit-trondheim.com, www.trondheim.no

Karten

Kümmerly + Frey Nr. 3 (Cappelens kart) »Mittel-Norwegen« II (1:335 000) oder entsprechende Atlaskarten im Autoatlas »Norden« von Statoil oder Shell (an norwegischen Tankstellen!)

Campingplätze

Heimdal, Trondheim (N63°20'07,1" – E10°21'41,4")
Der Campingplatz »Sandmoen Motell og Camping« befindet sich in der Stadt Heimdal rund zehn Kilometer südlich von Trondheim an der E6. Er ist einfach ausgestattet und bietet ausreichend Stellplätze. Er verfügt auch über ein Geschäft und eine Tankstelle. Sandmoflata 4, 7072 Heimdal, Tel. 72 59 61 50, www.sandmoen.no.

Trondheim (Stellplatz)
Leider kann man die Stellplätze in Norwegen an nur wenigen Händen abzählen! Umso erfreulicher ist es, dass die pulsierende Stadt Trondheim über einen kostenfreien Übernachtungsplatz verfügt. Der Stellplatz mit überwiegend ebenen Plätzen befindet sich rund drei Kilometer nordöstlich vom Stadtzentrum an der E6 in der Nähe der Kirche Lade. Mit dem City-Bus geht es dann nach Trondheim. Nächste Ent- und Versorgungsstation findet man an der SHELL-Tankstelle am Hafen (Pir 2). Infos zum Stellplatz erhält man von der Touristeninformation: Tel. 73 80 76 60.

Flakk (N63°27'00,2" – E10°12'04,7")
Folgt man von Trondheim aus der Straße 715 in östliche Richtung, so erreicht man nach zwölf Kilometern den Campingplatz »Flakk Camping«. Er hat eine idyllische Lage am Trondheimfjord und eine gute Ausstattung. Im Sommer kann man hier gut baden.
Flakk, 7070 Bosberg, Tel. 72 84 39 00, www.flakk-camping.no.

Åsen (N63°37'24,3" – E11°04'05,6")
Zwischen Stjördal und Levanger befindet sich der sehr umfangreich ausgestattete Campingplatz »Gullberget Camping«, der mit vier Sternen ausgezeichnet ist. Der See bietet gute Angelmöglichkeiten und hier kann man auch Boote ausleihen.
7630 Åsen, Tel. 74 05 61 51

Steinkjer (N64°01'19,8" – E11°30'26,4")
Der Campingplatz »Guldbergaunet Sommerhotell & Camping« befindet sich rund einen Kilometer nördlich vom Stadtzentrum. Der große ebene Campingplatz erstreckt sich zwischen Sportanlagen und dem Fluss Steinkjerelva. Am Fluss führt auch ein Spazierweg entlang, auf dem man nach rund 20 Minuten das Zentrum von Steinkjer erreicht. Der Platz ist gut ausgestattet und verfügt sogar über einen Pkw-Waschplatz.
Tel. 74 16 20 45, www.rv17.no/guldbergaunet

Stadsbygd
Am westlichen Teil des Trondheimfjords, am nördlichen Ufer, liegt die Ortschaft Stadsbygd (Halbinsel Ørland). Hier befindet sich mit »Kystens Arv« ein lohenswertes Freilichtmuseum mit alten Werftgebäuden und aktivem Bootsbau. Auf dem Parkplatz dürfen Wohnmobilreisende übernachten und auch Toiletten und Duschen stehen zur Verfügung. Anmelden sollte man sich hierbei bei der Kasse bzw. Information des Museums.
Tel. 73 58 55 60, www.kystensarv.no

Austrått (N63°42'00,1" – E09°44'52,1")
Der Campingplatz »Austrått Camping« gehört zu den schönsten Campingplätzen rund um den Trondheimfjord. Er befindet sich auf der Halbinsel Ørland, rund 7 km östlich von Brekstad und ist nur 800 Meter von dem alten Schloss Austråttborg entfernt. Der gepflegte Platz liegt an der Küste und hat auch einen Zugang zur Badebucht. Für Gäste stehen auch ein Ruderboot und eine Minigolfanlage zur Verfügung.
Tel. 72 52 14 70, www.austraat.no

Insel Hitra (N63°28'40,7" – E08°45'18,4")
Wer noch einen lohnenswerten Ausflug auf die Insel Hitra unternehmen möchte, findet mit dem Campingplatz »Vågen Camping Hitra« einen guten Ausgangspunkt und Übernachtungsplatz. Der Campingplatz befindet sich an der südlichen Küste auf einer kleinen Halbinsel rund 16 Kilometer westlich von dem Ort Sandstad. Dieser landschaftlich reizvolle Platz verfügt über einen zwei Kilometer langen Strand.
Tel. 72 44 14 60, www.hitracamping.com

Fannrem/Orkanger (N63°17'11,6" – E11°21'05,6")
Der einfach ausgestattete Campingplatz »Lauvåsen Kro og Hytter« befindet sich südlich von Orkanger (nahe Fannrem) und ist über die Reichsstraße 65 zu erreichen.
Tel. 72 48 52 15

Orkanger (N63°20'48,3" – E09°57'44,5")
Der Campingplatz »Tråsavika Camping« liegt an einer kleinen Bucht am Orkdalsfjorden. Er erstreckt sich an einem Hang zwischen der Straße 65 und dem Fjord. Nicht alle Plätze sind eben. Der Platz ist gut ausgestattet und verfügt über ein Restaurant, Bootsausleihe und Kiosk. Der kleine Sandstrand lädt bei sommerlichen Temperaturen zum Baden ein. Der Platz ist von Orkanger kommend nach sieben Kilometern einfach zu finden.
Tel. 72 86 78 22, www.trasavika.no

6 VESTERÅLEN UND LOFOTEN

Unterwegs im Reich der Mitternachtssonne

Startpunkt: Lødingen **Strecken:** überwiegend E 10 **Beste Jahreszeit:** Mai bis September
Endpunkt: Moskenes **Streckenlänge:** ca. 450 km **Fahrtzeit:** 6–10 Tage (ohne Anreise)

Jeder Norwegenkenner wird sicherlich von dem schönsten Teil des Landes sprechen. Jeder Globetrotter wird die Inselgruppe ebenfalls zu den reizvollsten Landschaften der Welt zählen. Auf den Inseln der Vesterålen und Lofoten fahren wir durch eine grandiose Landschaft mit zerklüfteter Küste, schroffen Bergen und mittendrin tollen Stränden und einladenden Fischerorten. Hier enden im Sommer die Tage nicht und die Mitternachtssonne lädt zu nächtlichen Wanderungen ein.

Die Route beginnt, wie auch die gesamte norwegische Reise begonnen hat, mit der Fähre. In Bognes muss man sich nach Absprache mit dem Mitarbeiter der Fährgesellschaft in eine der fünf Reihen einordnen. Rund eine Stunde benötigt die Fähre zum Anleger in Lødingen. Und dann heißt es: »Willkommen auf den Vesterålen, der Inselgruppe im Nordatlantik.«

Das Inselreich der Vesterålen

Die Inseln der **Vesterålen** gehören zu den norwegischen Landschaften, die man einfach bereist haben muss. Rund 35.000 Menschen leben in einer Landschaft, die alles zu bieten hat: kultivierte Flächen entlang der Küste, eine wilde Alpenlandschaft, Flüsse und Seen, felsige schroffe Küsten, Buchten mit Sandstränden, Fjorde und Schären. Besiedelt wurden die Inseln bereits vor rund 6.000 Jahren, gewannen jedoch erst im Mittelalter an Bedeutung. In dieser Zeit trieben die Wikinger Handel mit Bergen. Sie exportierten Stockfisch, jenen ausgedörrten Fisch, der heute noch zum Trocknen an den großen Holzgestellen aufgehängt wird und lange haltbar ist. Schon sehr früh kristallisierte sich die Fischerei als wichtiger Wirtschaftszweig heraus. Heute sind der Fischfang und die Fisch verarbeitende Industrie das wirtschaftliche Standbein der Inseln. 1893 wurde von der »Vesterålen Dampskipselskap« die wöchentliche Schnellverbindung, die sogenannte Hurtigrute, zwischen Trondheim und Hammerfest eröffnet und so entstand eine wichtige Anbindung an das Festland. Es ist sehr interessant, die pünktlich an- und ablegenden Schiffe beim schnellen Verladen zu beobachten. Neben dem Wasserweg kann man die Inseln auch über viele Brücken erreichen. Hauptort ist Sortland, das eine wichtige Versorgungsfunktion erfüllt. Für den Reisenden steht jedoch das Naturerlebnis im Vordergrund und so kann man einsame Strände entdecken und nachts bei Mitternachtssonne wandern.

Idylle pur

Möchte man nicht vor der gesamten Fahrzeugkolonne herfahren, so sollte man sich in **Lødingen** am Hafen umsehen oder bei schönem Wetter am kleinen Sandstrand sein Badelaken ausbreiten, um den regen Verkehr tagsüber abzuwarten.

Am Abend fährt man dann mit weniger Begleitfahrzeugen über die E10 in nördliche Richtung. Zunächst wird der Motor bei 11 % Steigung gefordert. Die Straße führt vorbei am **Gullesfjord** und später vorbei am **Sortlandsund**, bis man die hohe und elegant geschwungene **Sortlandbrücke** erreicht und überquert. Unterhalb der Brücke sieht man die großen Schiffe der norwegischen Küstenwache. Hier ist der Hauptstützpunkt der Küs-

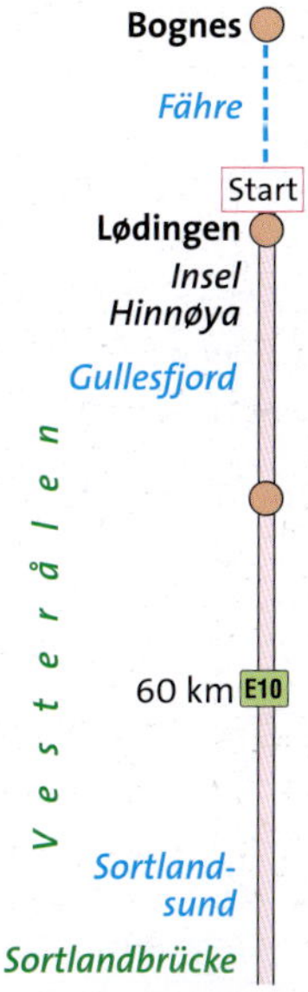

Linke Seite: Reine gehört zu den schönsten Fischerorten.

In Nykvåg ist das Kreischen der Möwen unüberhörbar.

tenwache, darüber hinaus hat sich die junge Stadt Sortland (Mitternachtssonne 23.5.–23.7.) zu einem wichtigen Versorgungszentrum entwickelt. Mehrere Einkaufszentren laden zum Shopping ein. Der jungen Stadt fehlen leider Charme und anziehende Sehenswürdigkeiten, sodass man sein Augenmerk lieber auf die landschaftlichen Attraktionen in der Umgebung richten sollte.

Jennestad – auf den Spuren alter Handelswege

Über die Straße 820 geht es zur westlichen Küste der großen Insel **Langøya**. Nach wenigen Kilometern erreicht man den alten Handelsplatz **Jennestad**, ein großes weißes Holzbauwerk, das rechts unterhalb der Straße steht. Im 19. Jahrhundert gehörte Jennestad zu den größten Handelsplätzen in Nordnorwegen. Hier konnte der Kunde aus einem Sortiment von immerhin 12.000 Artikeln auswählen. Zu den prominentesten Kunden gehörte der norwegische Schriftsteller Knut Hansum, der hier seinen Tabak kaufte. Heute ist Jennestad ein Museum und es ist interessant, die alten Waren in diesem nostalgischen Ambiente zu sehen.

Die Straße 820 verläuft in westliche Richtung. Hinter dem Ryggedalen-Tunnel sollte man auf dem Parkplatz haltmachen, den grandiosen Ausblick genießen und sich bei Bedarf in der dort befindlichen Touristeninformation erkundigen. Später biegt man rechts ab, dann führt die kleinere Straße über Nykvåg nach Hovden.

Nykvåg und Hovden

In dem kleinen Fischerdorf **Nykvåg** empfangen die Dreizehenmöwen den Besucher mit heftigem Geschrei. Sie haben links am Ortseingang am großen Felsen ihre Nester gebaut. Möwen, die keinen Platz mehr gefunden haben, sorgen unter Dachvorsprüngen und auf Fensterbänken für ihren Nachwuchs. Ornithologen interessieren sich nicht nur für die großen Kolonien der seltenen Dreizehenmöwen, sondern auch für den Seeadler, der über der Insel seine Kreise zieht. Rund sechs Kilometer sind es bis **Hovden**, ein weiteres Fischerdorf, dessen Besuch unbedingt empfeh-

Ein Strandbesuch in Hovden wird unvergessen bleiben.

» ERHOLUNGSTIPP

Sandstrände in **Hovden**
Die kleinen Sandstrände in Hovden gehören zu den Reizvollsten auf den Vesterålen. Das seichte Wasser bietet ein sicheres Badevergnügen. Allerdings laden die kühlen Wassertemperaturen nur zu einem kurzen Bad ein. Vom Badelaken hat man ein unvergleichliches Bergpanorama. Hier liegt man ruhig und ungestört – und Alltag und Stress sind genauso weit weg wie das Heimatland.

Die seichte Bucht in Hovden ist auch für Kinder ideal.

lenswert ist. Die hohen Holzgestelle verraten die Haupteinnahmequelle. In den Wintermonaten wird der Dorsch gefangen und in den Gestellen im kalten Wind zum Trocknen aufgehängt. Als trockener und harter Stockfisch findet er dann vorwiegend in Italien und Afrika (Dorschköpfe) seine Abnehmer. Hovden bietet sogar gegen eine geringe Übernachtungsgebühr einen Stellplatz und in unmittelbarer Nähe herrliche weiße Sandstrände und Dünen. Hier kann der autarke Wohnmobilreisende Urlaubstage der besonderen Art erleben.

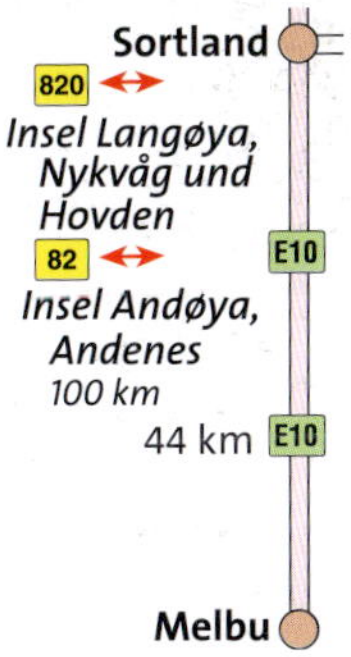

Abstecher zur Walsafari nach Andenes

Die weitere Route führt wieder zurück nach **Sortland** und wer schon immer mal Wale aus nächster Nähe sehen möchte, wählt die Straße 82 über die Insel **Andøya** zum nördlichen Ort **Andenes** (100 Kilometer). Neben der Walsafari bietet Andenes auch ein sehenswertes Polarmuseum mit Ausstellungen zur lokalen Fischereigeschichte und Exponaten aus Spitzbergen (siehe Kasten Seite 124).

Von **Sortland** folgen wir der E10 in südwestliche Richtung. Die Straße verläuft nur wenige Meter über dem Meeresspiegel an der östlichen Küste der Insel **Langøya** entlang. Hierbei blickt man bei klarer Sicht auf die schneebedeckten Berge der Insel **Hin-**

»Pub« in Stokmarknes

nøya. Nach 30 Kilometern erreichen wir **Stokmarknes**. Die Brücke bietet einen guten Blick auf die Hafenstadt und irritiert ist man beim Anblick des aufgebockten Hurtigrutenschiffes »MS Finnmarken«. In der kleinen Hafenstadt wurde 1993 ein sehenswertes Hurtigrutenmuseum eingerichtet.

» AUSFLUGSTIPP

Wale hautnah
Seit 1988 bringen die Beobachtungsschiffe die Interessierten zu den gigantischen Pottwalen. Wale zu beobachten gehört sicherlich zu den größten Naturerlebnissen auf den Vesterålen. Die Fahrten dauern vier bis fünf Stunden. Infos und Reservierung bei »Whalesafari Andenes« unter Tel. 76 11 56 00, www.whalesafari.com.

In das Fischerdorf Melbu

Von **Stokmarknes** sind es nur wenige Autominuten bis **Melbu**. Hier hat die E10 ihr vorläufiges Ende gefunden, weiter geht es also mit der Fähre nach **Fiskebøl**. Vorher kann man sich in dem Vesterålen-Museum über Kunst, Geschichte und Kultur der **Vesterålen** informieren (500 Meter vom Fähranleger entfernt). In Melbu hat die Fischereiwirtschaft einen hohen Stellenwert, in der alten Heringsölfabrik wurde ein Fischereimuseum eingerichtet.

Auf dem Weg auf die Lofoten

Die Fahrt mit der Fähre von **Melbu** nach **Fiskebøl** dauert lediglich 25 Minuten und führt über den **Hadselfjord**. Sehr eindrucksvoll sind die Ausblicke auf die schroffen Berge, die aus dem Meer herausragen und Höhen bis zu 1.146 Meter erreichen. Der imposante Anblick macht neugierig und steigert die Vorfreude auf die bevorstehende Entdeckungsreise. Die ersten Kilometer auf der Insel **Austvågøy** fahren wir noch auf dem Territorium der **Vesterålen**. Lohnenswert ist ein Stopp am ersten Rastplatz linker Hand, der unvergleichliche Fernblicke auf den **Austnesfjord** bietet. Im weiteren Verlauf erreichen wir dann den administrativen Teil der **Lofoten** und fahren in das »Reich der Lofoten«. Wenige Kilometer später erreicht man **Svolvær**.

» SPECIAL

Hurtigruten

Die Fahrt mit den Hurtigruten-Postschiffen wird stets als »die schönste Seereise der Welt« angepriesen. Bereits im Jahr 1893 liefen die ersten Hurtigrutenschiffe als reine Frachter aus. Sie waren verlässlich und pünktlich, sodass die Norweger ihre Uhren nach ihnen stellen konnten. Heute fahren die elf Postschiffe täglich auf der Strecke von Bergen nach Kirkenes entlang der norwegischen Küsten und versorgen rund eine halbe Million Norweger. Die mittlerweile modernen Kombi-Postschiffe transportieren Post, Fracht und verstärkt Passagiere. Was diese Fahrt so reizvoll macht, ist das herrliche Panorama mit dem Blick in die Fjorde, auf Gletscher, Inseln und Schären. Fährt man im Sommer mit der Hurtigrute, so bleibt die Mitternachtssonne ein unvergessliches Erlebnis.
Für die rund 2.000 Kilometer lange Reise von Bergen nach Kirkenes brauchen die modernen Schiffe elf Tage. Dabei halten die Hurtigrutenschiffe an 36 Küstenstädten (auch an der Nordkap-Insel Magerøya), in denen Landausflüge und Stadtbesichtigungen angeboten werden. Auch Teilstrecken können gebucht werden. Auf einigen Schiffen kann sogar das Wohnmobil (mit niedriger Höhe) befördert werden.
Haltestationen der Hurtigrute sind: Bergen, Florø, Maløy, Torvik, Ålesund, Molde, Kristiansund, Trondheim, Rørvik, Brønnøysund, Sandnessjøen, Nesna, Ørnes, Bodø, Stamsund, Svolvær, Stokmarknes, Sortland, Risöyhamn, Harstad, Finnsnes, Tromsø, Skervøy, Øksfjord, Alta, Hammerfest, Havøysund, Kjøllefjord, Mahamn, Berlevåg, Båtsfjord, Vardø, Vadsø, Kirkenes.
Anschaulich kann man sich über die Hurtigrute in dem Museum in Stokmarknes informieren und das Schiff »MS Finnmarken« von 1956 besichtigen.
Tel. 76 11 81 90 oder www.hurtigruten.de

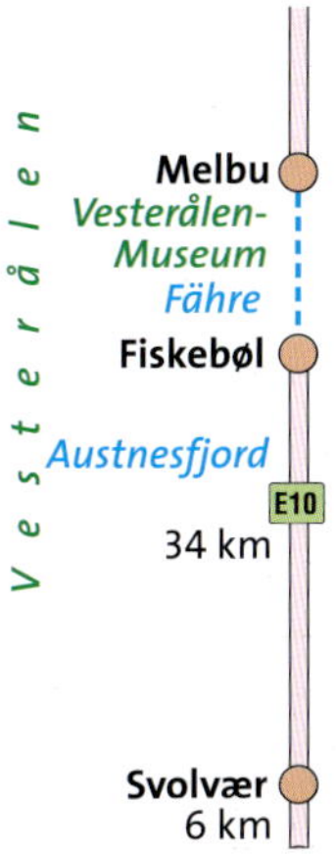

Lofoten – Inselparadies im Nordatlantik

Was sich dem Besucher auf den vielen Inseln im Nordatlantik bietet, ist schon etwas ganz Besonderes: Imposante Fjorde, weite Fjelle, beachtliche Gletscher, steil aufragende Gebirge, tosende Wasserfälle und tief eingeschnittene Täler sind nur einige Merkmale der faszinierenden und abwechslungsreichen norwe-

Dass der Fischfang eine wichtige Einnahmequelle ist, wird überall deutlich.

Am Hafen in Svolvær entstanden moderne Bauten.

gischen Landschaft. Diese Kulisse erstreckt sich weit nördlich des Polarkreises zwischen dem 67. und 68. Breitengrad. Zahlreiche große und kleine Inseln, die durch Brücken und Tunnel verbunden sind, reihen sich wie Perlen an einer Kette aneinander und haben eine unvergleichliche Silhouette, insbesondere dann, wenn die rötliche Sonne sehr tief steht. Die schroffen Berge, die teilweise samtartig mit Grün überzogen sind, imponieren mit ihren spitzen Gipfeln und steilen Felswänden.

In dieser kargen Inselwelt stößt man nur vereinzelt auf Birken und Nadelbäume. Beim Anblick dieser artenarmen Landschaft verwundert es, dass auf den Inseln rund 25.000 Menschen verteilt leben. Dank des warmen Golfstromes müssen die Bewohner in den Wintermonaten keinen strengen Winter fürchten und so frieren auch die Häfen nicht zu. Im Winter verlassen die Fischer die sonst so verschlafenen Häfen, um den Dorsch zu fangen. Bereits im 12. Jahrhundert kamen aus vielen Gebieten Norwegens die Saisonfischer auf die Lofoten und fuhren mit ihren kleinen und primitiven Booten hinaus, um Dorschfang zu betreiben. Viele von ihnen verschlang die stürmische See. Der Dorsch wird heute noch wie im 12. Jahrhundert ausgenommen, geköpft und für drei Monate auf Holzgestelle in den kalten Lofotenwind zum Trocknen aufgehängt. Die Fischerei und die Fisch verarbeitende Industrie sind traditionell die wichtigsten Wirtschaftszweige und waren stets für die Besiedlung verantwortlich.

Friedliche Fischerdörfchen auf den Lofoten

Es gibt nur wenige größere Siedlungen als **Svolvær**. Die einladenden Orte mit ihren farbenfrohen Holzhäusern vermitteln eine unvergleichlich friedliche Atmosphäre. Orte wie **Henningsvær**, **Hamnøy** und **Reine**, das als der schönste Ort der Lofoten gilt, scheinen mit ihren bunten Holzhäusern dem vielfach grauen Alltag zu trotzen, dem insbesondere in den langen und finsteren Polarnächten ein wenig Farbe entgegengesetzt wird.

Anders als man sich vielleicht vorstellt, ließen sich vor rund 6.000 Jahren die ersten Menschen auf den Lofoten nieder. In der Geschichte der Inseln ist in erster Linie die raue Wikingerzeit von Bedeutung. Es entstanden mehrere große Häuptlingssitze. An die Zeit der Wikinger, die nicht nur Räuber und Plünderer, sondern auch ausgezeichnete Seefahrer waren, erinnert heute das moderne und erst 1995 eröffnete Wikingermuseum in **Borge**. Es ist eines von vielen sehenswerten Museen, die alle fesselnd über das einfache und beschwerliche Leben auf den Lofoten erzählen. Die Saisonfischerei wurde bereits zu Beginn des 12. Jahrhunderts betrieben, und der gefangene Dorsch wurde zu Stockfisch, einem wichtigen Handelsgut, verarbeitet. König Øystein ist es zu verdanken, dass heute der Tourist so idyllisch in kleinen Fischerhäusern, den »Rorbuer«, übernachten kann. Er ließ sie um 1120 für die Saisonfischer erbauen. Diese einzigartige Urlaubsform ist innerhalb Skandinaviens nur auf den Lofoten und den Vesterålen möglich.

Touristenziel Lofoten

Allgegenwärtig ist die Fischerei, aber erstaunlicherweise wird auch Viehwirtschaft betrieben, was für die nördliche Lage erstaunlich ist. Der Besucher erkennt dies an den weidenden Kühen und frei herumlaufenden Schafen. Molkereiprodukte und Fleisch werden sogar im Überschuss produziert. Darüber hinaus nimmt auch der Fremdenverkehr mit zahlreichen abenteuersuchenden Touristen, überwiegend Deutsche, Italiener und Franzosen, zu. Viele Gäste kommen auch mit den traditionsreichen und bekannten »Postschiffen« der Hurtigrute. Auch bei Wohnmobilreisenden stehen die Lofoten hoch im Kurs, viele von ihnen schätzen die einsamen Wanderwege. Je höher man bei den Wanderungen gelangt, desto interessanter wird es. Nicht nur die Mitternachtssonne kann man aus der Höhe besser genießen, sondern man hat auch einen guten Panoramablick auf die beeindruckenden schroffen Bergformationen mit ihren spitzen Gipfeln und den vorgelagerten kleinen Inseln. Generell sind die Lofoten für Naturliebhaber ein ursprüngliches Urlaubsziel mit landschaftlichen Höhepunkten, die in dieser beeindruckenden Art und Weise sehr selten sind. Eine Inselgruppe, die bei schönem Wetter und guter Fernsicht, aber auch bei Regen, Sturm und mystischem Nebel einen festen Platz in der Erinnerung des Reisenden hat. Gut ausgestattete Campingplätze ermöglichen eine komfortable Entdeckungsreise auf den Lofoten.

Svolvær – Hauptstadt der Lofoten

Die lebendige Stadt **Svolvær** mit ihren rund 4.000 Einwohnern hat in den letzten Jahren eine unübersehbare Stadterneuerung erfahren. Am Hafen sind moderne Häuser mit schiffsähnlichen Fassaden entstanden, der Hauptplatz wurde neu gestaltet und die Innenstadt modernisiert. Wer an warmen Som-

Alt trifft neu im Hurtigrutenmuseum in Stokmarknes.

Imponierende Bergmassive prägen das Landschaftsbild der Lofoten.

mertagen leicht bekleidet an vollen Straßencafés vorbeischlendert und auf die Sonnenanbeter auf ihren Booten im Sportboothafen blickt, kann sich nur schwer vorstellen in einer Hafenstadt weit nördlich des Polarkreises zu sein. Die Lebendigkeit rund um den Hafen und die eindrucksvolle Architektur sorgen für einen fast schon mondänen Charakter.

Svolvær liegt zu Füßen mehrerer rund 700 Meter hoher Berge auf der Insel **Austvågøy**. Das Stadtgebiet erstreckt sich über mehrere kleinere Inseln und Halbinseln. Erst in den 1930er-Jahren wurden die Teile der Stadt durch Brücken verbunden. Wahrzeichen der Stadt ist der Berg **Svolværgeita** mit seinen »Ziegenhörnern«, der erstmalig 1910 bestiegen wurde. Die Lebendigkeit der Stadt unterstreichen die unzähligen an- und ablegenden Fährschiffe, die Ausflugsschiffe, die Expressboote, die traditionsreichen Hurtigrutenschiffe und die Wassersportler. Mitte des 16. Jahrhunderts wurde Svolvær zum ersten Mal erwähnt, erhielt im Jahr 1918 die Stadtrechte und wurde im Zweiten Weltkrieg zu großen Teilen zerstört. Ein berühmter Sohn der Stadt ist der Maler Gunnar Berg, der zahlreiche Bilder mit Lofotenmotiven geschaffen hat. Sein berühmtestes siebenteiliges Gemälde »Trollfjordslaget« (»Die Schlacht am Trollfjord«) ist im Gemeindesaal des Rathauses zu bewundern. Auf der kleinen Insel Svinöya kann der Besucher in dem »Nordnorwegischen Künstlerzentrum« wechselnde Ausstellungen besichtigen. Sehenswert ist

Die große Holzkirche von Kabelvåg

auch die Galerie des Künstlers Dagfinn Bakke. Über die Stadt und die Lofoten gibt die Touristeninformation Auskunft, die sich am Hauptplatz Torvet (Tel. 76 06 98 00) befindet. Die Mitternachtssonne ist in Svolvær in der Zeit vom 27. Mai bis zum 17. Juli zu sehen.

Kabelvåg – das Museumsdorf

Ein Katzensprung ist es von **Svolvær** zum Nachbarort **Kabelvåg**. Über die E10 erreicht man den idyllischen Lofotenort schon nach nur sechs Kilometern. Einige Kilometer westlich stehen dem Wohnmobilreisenden zwei Campingplätze zur Verfügung, auf denen sich das Verweilen lohnt.

Die kleine Stadt Kabelvåg ist aufgrund ihrer Geschichte und ihrer drei Sehenswürdigkeiten attraktiv: dem Lofotenmuseum, der Galerie Espolin und dem Lofotenaquarium.

Das Lofotenmuseum (www.lofotmuseet.no) befindet sich auf historischem Boden. Hier stand einst **Storvågan**, ein Fischerort, der im Mittelalter die nördlichste Stadt Europas war. Die Gebäude des heutigen **Lofotenmuseums** standen im 19. Jahrhundert im Mittelpunkt eines betriebsamen Fischerdorfes. Bereits im Mittelalter wurde intensiv Fischfang betrieben und Stockfisch erzeugt. Diesen exportierte man nach Deutschland, England und Südskandinavien und tauschte ihn vielfach gegen Getreide ein. Die Funde der 1985 begonnenen Ausgrabungen sind heute im Lofotenmuseum zu sehen.

Auch für Kunstliebhaber hat Kabelvåg etwas zu bieten und so sollte man der **Galerie Espolin** einen Besuch abstatten. In dieser Galerie sind die Bilder des bekannten Lofotenmalers Kaare Espolin Johnson zu bewundern.

Wer sich für die Meeresbewohner interessiert, wird im Lofotenaquarium in Kabelvåg auf seine Kosten kommen. Es gehört zu den viel besuchten Attraktionen der Inselgruppe und informiert über das Leben im Meer vom Ufersaum bis in große Tiefen. Besonders großer Beliebtheit erfreuen sich stets das Seehundbecken und die Diashows. Informationen erhalten Sie unter: Tel. 76 07 86 65 oder im Internet unter www.lofotakvariet.no

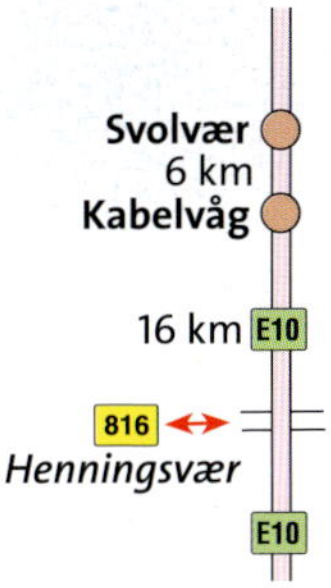

Die Hafenstadt Henningsvær

Weiter geht es über die E10 in westliche Richtung. Nach 16 Kilometern biegen wir nach links auf die Straße 816 ab, um noch eine schöne Stadt auf den Lofoten kennenzulernen, die Hafenstadt **Henningsvær**. Nach der Abzweigung lockt in der Bucht **Rørvik** ein schöner Sandstrand zum Baden und Abkühlen. Die sieben Kilometer lange Strecke nach Henningsvær entlang des **Gimsøystraumen** fasziniert mit ihrer zerklüfteten Küste und dem türkisfarbenen Wasser.

Oben: Wandmalereien in Stamsund

Unten: Henningsvær ist ein lohnendes Ausflugsziel.

Geschützte Buchten bieten sich zum Fahren mit dem Kajak an.

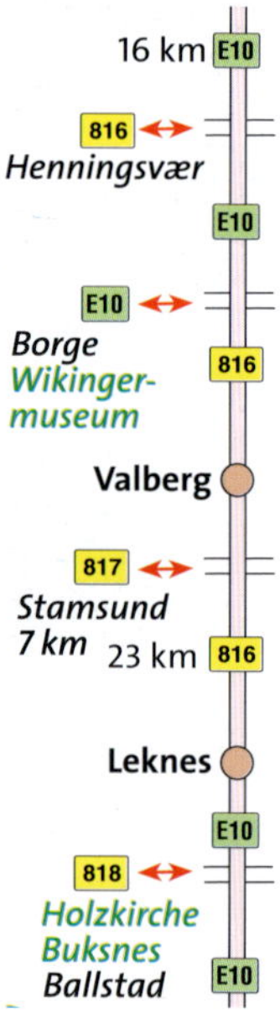

Wir sind hier nun am südlichsten Zipfel der Insel **Austvagøy** angelangt und stoßen auf ein Ensemble farbenfroher Holzhauszeilen, unterhalb einer massiven Gebirgsformation, vor denen Trawler festgemacht haben. Am Ortseingang steht ein ausreichend großer Parkplatz zur Verfügung, von dem wir den erlebnisreichen Rundgang beginnen.

Es ist unverkennbar, dass der Fischfang in Henningsvær das wirtschaftliche Standbein Nummer eins ist. Seit Mitte des 19. Jahrhunderts ist Henningsvær ein wichtiger Fischerort. 1862 erhielt der Ort als erster Ort auf den Lofoten ein Telegrafenamt, was dem Fischhandel nicht unerheblich zugutekam. Zu den Produkten zählen der Stockfisch, Kaviar, Seelachs und die Lofotenpaste, eine schmackhafte Fischpaste. Zunehmend gewinnt auch der Fremdenverkehr an Bedeutung – das sieht man an der Menge an Restaurants, Geschenkläden und Cafés.

Auf den Spuren der Wikinger in Borge

Wir nehmen die Straße 816 bis zurück auf die E10 und halten uns weiter in nördlicher Richtung. Durch den Tunnel, der auf die Insel **Gimsøya** führt, verlassen wir die Insel **Austvågøy** und erreichen nach wenigen Kilometern die Brücke, über die man auf die Insel **Vestvågøy** gelangt. Hier wird dem Wohnmobilreisenden wieder bewusst, wie gut die Verkehrsinfrastruktur in Norwegen und insbesondere in den peripheren Landesteilen ist. Tunnel, Brücken und Pässe sind sehr kostenintensiv, doch dank der hohen Einnahmen aus dem Verkauf von Erdgas und Erdöl können sich die Norweger ein gut ausgebautes Straßennetz leisten. Auf der Insel Vestvågøy stehen zwei Strecken zur Verfügung. Bleibt man auf der E10, lohnt sich der Besuch des 1995 eröffneten »Lofotr-Wikingermuseums« in **Borge**. Hier wurde ein Häuptlingshaus mit beachtlichen 83 Meter Länge aus der Wikingerzeit teilweise ausgegraben und rekonstruiert. Auch ein Wikingerschiff kann besichtigt und sogar gerudert werden (www.lofotr.no).

Wir empfehlen jedoch, die Straße 815 entlang der südöstlichen Küste zu fahren. Sie ist zwar teilweise schmal, dafür bietet sie in Meeresnähe spektakuläre Ausblicke. Nachdem wir den Ort **Valberg**, die kleinen Fjorde **Rolvsfjord** und **Skifjord** umfahren haben, geht es über die ebenfalls kleine Straße 817 nach **Stamsund**, eine weitere kleine Hafenstadt, die wir nach sieben Kilometern erreichen. Ein prächtiges gelbes Holzhaus auf Pfählen links unterhalb der Straße zieht zunächst die Aufmerksamkeit auf sich. Es ist die Jugendherberge von Stamsund, die sicherlich zu den interessantesten ihre Art gehört. In Stamsund laufen die Hurtigrutenschiffe ein und aus und es macht Spaß, die Schiffe beim schnellen Be- und Entladen zu beobachten. Ein Aushang informiert über die An- und Abfahrtszeiten. Lohnenswert ist auch der Besuch der Kunstschmiede »Oona's Jernsmie«, die in dem großen weißen Holzhaus **Skjærbrygga** untergebracht ist. Hier gibt es Metallschmuck und dekorative Schmiedekunst zu sehen und zu kaufen (www.oona.no). Direkt nebenan stärken wir uns erst einmal auf der Terrasse bei einer Tasse Kaffee und einer Mahlzeit für die Weiterfahrt.

Einsame Idylle in Ballstad

Wir bleiben zunächst auf der Straße 817 und gelangen dann auf die 815 Richtung **Leksnes**. Rechts der Straße erreichen wir einen großen Parkplatz, der nicht nur Tische und Bänke bietet, sondern aus luftiger Höhe einen herrlichen Ausblick auf Leksnes eröffnet. Die Stadt ist ein wichtiges Versorgungszentrum für die Insel und bietet natürlich Tankstellen, Werkstätten und Einkaufsmöglichkeiten. Ist noch ausreichend Zeit vorhanden, sollte man rund zehn Kilometer südlich nach **Ballstad** fahren.

» SEHENSWERT

Holzkirche Buksnes
Zu den interessantesten Bauwerken auf den Lofoten gehört die auffällige rot-weiße Holzkirche Buksnes in Gravdal. Die Architektur des Gotteshauses wurde inspiriert von der Bauart der Wikingerschiffe und der Architektur der Stabkirchen. Allerdings stammt diese Kirche nicht wie die meisten Stabkirchen aus dem 12. und 13. Jahrhundert, sondern wurde erst 1905 gebaut. Die Vorgängerbauten wurden durch heftige Stürme oder Blitzschlag zerstört. Außen wie innen begeistert diese »Drachenkirche« gleichermaßen.

Nachdem man Leksnes passiert hat, verlässt man die E10 und biegt auf die Straße 818 ein. Auf der Straße passiert man die **Buksnes-Kirche** in **Gravdal** (siehe Kasten).

Von Gravdal, der einzigen Stadt der Lofoten mit einem Krankenhaus, geht es weiter zu dem malerischen Fischerort **Ballstad**. Rund 1.000 Menschen leben hier und arbeiten überwiegend in der Fischindustrie. Sehenswert ist das riesige Wandbild einer kleinen Werft, das zu den größten Wandgemälden der Welt gehört. Der Tourismus hat sich hier noch nicht breitgemacht, obwohl in Ballstad die ersten Fischerhütten den Touristen angeboten wurden. Insgesamt wirkt der Ort verschlafen. Ballstad ist ein guter Ausgangspunkt für fantastische Wanderungen.

Die Holzkirche von Buksnes

Wanderung auf den Trampelpfaden ab Ballstad

Mitternachtssonne mit dem Wohnmobil

Die gleiche Straße geht es wieder zurück auf die E10, die dann zu dem Sund zwischen der Insel **Vestvågöy** und der westlichen Insel **Flakstadøy** führt. Diesmal gelangt man nicht über eine Brücke auf die nächste Insel, sondern fährt durch den rund 1,8 Kilometer langen **Nappstraumentunnel**. Im weiteren Verlauf umfährt man die große Bucht **Flakstadpollen** und sollte sich dann auf dem landschaftlich reizvoll gelegenen Campingplatz **Skagen** in der Nähe von **Ramberg** niederlassen. Denn auf den Lofoten gibt es nur wenige Möglichkeiten, an der nordwestlichen Seite sein Wohnmobil abzustellen und die Mitternachtssonne zu beobachten. Und hier herrscht ein grandioser freier Blick auf den Nordatlantik. So spaziert man durch feinsten Sandstrand an sich überschlagenden Wellen vorbei. Ein Fleckchen Erde der besonderen Art!

Von dem Besitzer Sverre Skagen erfährt man viel über die Insel und den Alltag. Sverre erzählt gerne über seine ausgeklügelten Fangmethoden. Hier ist das Wasser sehr seicht und unter einer hauchdünnen Sandschicht liegen die Flundern. Mit einem Trichter werden sie beobachtet und mit einer schweren dreizackigen Eisenharpune gefangen. Infos über die Region erhält man auch auf dem rund 400 Meter entfernten Rastplatz mit Infotafeln.

Sackgasse E 10

Die E10 wird im weiteren Verlauf zur einzigen Straße der Umgebung und endet in dem Ort **Å** tatsächlich als Sackgasse. Bis dahin gibt es jedoch noch einige Attraktionen wie den kleinen Fischerort **Hamnøy** auf der Insel **Moskenesøy**. Farbenprächtige Fischerhäuser unterhalb eines mächtigen Bergmassivs lassen die Herzen der Urlauber und insbesondere der Fotografen höher schlagen.

Rund einen halben Kilometer weiter stößt man auf die kleine Insel **Sakrisøy**, ein Kleinod, dem man seine Aufmerksamkeit schenken sollte. Die gelben Fischerhäuser (Rorbue), um-

» WANDERTIPP

Ballstad

Auf den Lofoten hat man keine Probleme, einen schönen Wanderpfad zu finden, und von Mai bis Anfang August kann man sogar rund um die Uhr wandern. Eine Mitternachtswanderung, bei der dem Wanderer die Sonne ins Gesicht scheint, wird jedem in ewiger Erinnerung bleiben. In Ballstad sollte man sich rund drei Stunden Zeit nehmen, die Wanderschuhe anziehen, den Rucksack packen und vier herrliche Kilometer genießen. Der Ausgangspunkt für die Wanderung befindet sich wenige Meter unterhalb der Fischhäusersiedlung Kræmmervika (im Restaurant »Rorbue« speist man vorzüglich!). Der Wanderweg ist mit einem roten »T« auf einigen teils versteckten Steinen markiert. Der vielfach enge Trampelpfad führt an zwei Stellen unter mächtigen Felsblöcken hindurch und bietet oberhalb des Uferbereiches grandiose Ausblicke. Nach rund zwei Kilometern erfolgt ein steiler Aufstieg bis auf eine Höhe von 250 Metern. Der kräftezehrende Aufstieg wird durch ein imposantes Panorama belohnt. Über das Moor geht es auf Trampelpfaden vorbei an Heidesträuchern, den seltenen Multebeeren und neugierigen Schafen zurück bzw. hinab nach Ballstad.

geben von türkisfarbenem Wasser, sind hier beliebte Unterkünfte. Direkt nebenan hat man mit Dagmars Spielzeug- und Puppenmuseum eine Attraktion, die rund 1.500 Puppen und Teddybären bietet (Tel. 76 09 21 43).

» EINKEHRTIPP

Fischdelikatessen auf Sakrisøy

Obwohl der Fischfang auf den Lofoten eine lange Tradition hat und der Anblick von bunten Fischerhäusern und Fischkuttern den Reisenden zum Schwärmen bringt, stößt man nur selten auf Fischgeschäfte. Wie schön also, dass man auf der Insel Sakrisøy nun einen ansprechenden Laden vorfindet. Hier liegt alles, was der Atlantik zu bieten hat, auf Eis. »Alles« heißt in diesem Fall auch Walfleisch, obwohl die Norweger den Wal angeblich nur zu »Forschungszwecken« fangen. Hier werden Fischbrötchen serviert, Stockfisch verkauft, Lachs geräuchert, frische Garnelen eingepackt und die passenden Fischsalate oder Fischsuppen angeboten. Wer gerne Fisch isst, wird hier sicherlich den kulinarischen Höhepunkt seiner Norwegenreise erleben.

Abschiedsstimmung in Reine

Mit dem Geschmack von gekochten Garnelen oder geräucherter Makrele auf der Zunge geht es nur wenige Kilometer weiter zur Stadt **Reine**. Allein die Anfahrt ist ein Erlebnis, denn auch hier liegt ein farbenfroher Fischerort zu Füßen mächtiger Berge. Direkt am Ortseingang befindet sich ein großer Parkplatz mit Parkmöglichkeiten für Wohnmobile. Zu Fuß kann man jetzt in aller Ruhe und Gelassenheit Reine erkunden. Und weil Reine wohl zu den schönsten Plätzen der Welt gehört, wurde es im Legoland in Dänemark auch gleich nachgebaut. Durch Reine schlendert man wie durch ein kleines Freilichtmuseum entlang an gepflegten Holzhäusern, kleinen Geschäften und einem interessanten Hafen.

In Reine herrscht schon Abschiedsstimmung, denn zu dem Fähranleger in **Moske-**

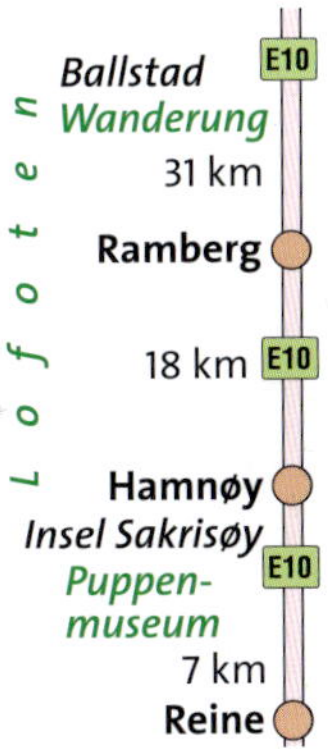

Herrliche Sandstrände und Blick über den Atlantik in Ramberg

Hamnøy mit farbenprächtigen Häusern und atemberaubender Bergkulisse

nes sind es nur noch wenige Kilometer. Wir fahren über die wohlvertraute E10 und lassen den Anleger im wahrsten Sinne des Wortes »links liegen«, um die Zeit noch ein wenig mehr auszunutzen.

So erreichen wir später **Å**. Dieser Ort hat tatsächlich den Namen Å und dementsprechend begehrt ist ein Foto vom Ortseingangsschild. Im Ort lockt das Stockfischmuseum (Lofoten Tørrfiskmuseum, www.sorvagen.no), das sehr anschaulich den Weg des gefangenen Dorsches über das Trocknen im kalten Lofotenwind bis zum Export darstellt. Sehenswert ist auch das »Norwegische Fischerdorfmuseum« mit interessanten Bauwerken, Booten und Fanggeräten (Tel. 76 09 14 88).

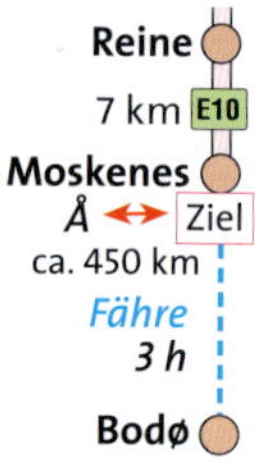

Abschied in Moskenes!

Es lohnt sich nicht, die ganze Strecke über die **Lofoten** und **Vesterålen** zurückzufahren und eine entsprechend weite Strecke dann wieder auf dem Festland zurückzulegen.

So bleibt dem Reisenden nur die Möglichkeit, von **Moskenes** mit der Fähre nach **Bodø** zu fahren. Damit auch die letzten Tage auf den Lofoten nicht chaotisch enden, sollte man sich eingehend über die Abfahrtzeiten informieren, die man im Rutenheft und in Broschüren, die in den Touristeninformationen erhältlich sind, findet. Es muss mindestens einen Tag vor Abreise bis 15.00 Uhr telefonisch reserviert werden (Tel. 76 11 82 45). Wer nicht reserviert, muss mit mehrstündigen Wartezeiten rechnen. Unter Umständen muss er auch die Nacht am Fähranleger verbringen. Die Überfahrt dauert wehmütige drei Stunden. Eine erlebnisreiche Tour über eine fantastische Inselwelt liegt hinter uns! Wer spät in **Bodø** ankommt, sollte direkt den Campingplatz »Bodøysjøen Camping« ansteuern.

» ADRESSEN

Fähre: Bognes–Lødingen; Melbu–Fiskebøl; Moskenes–Bodø

Touristeninformationen

Sortland: Vesterålen Reiseliv, Kjøpmannsgata 2, N-8401 Sortland, Tel. 76 11 14 80, Fax 76 11 14 81, E-Mail: vesteraalen.reiseliv@online.no, www.visitvesteralen.com
Svolvær (am Marktplatz): Destination Lofoten AS, P.O. Box 210, N-8301 Svolvær, Tel. 76 06 98 00, Fax 76 07 30 01, E-Mail: lofoten@lofoten.info, www.lofoten.info

Karten

Kümmerly + Frey Nr. 4 (Cappelens kart) »Mittel-Norwegen III« (1:400.000) oder entsprechende Atlaskarten im Autoatlas »Norden« von Statoil und Shell (an norwegischen Tankstellen!)

Campingplätze

Sortland (N68°42'16,3" – E15°23'51,7")
Der große Campingplatz »Sortland Camping & Motell« befindet sich rund 500 Meter vom Stadtzentrum entfernt und ist sehr umfangreich ausgestattet. Für Wohnmobile stehen ausreichend ebene Plätze zur Verfügung. Kiosk und kleines Restaurant sind ebenfalls vorhanden. In der Hauptsaison ist der Campingplatz sehr gefragt.
Tel. 76 11 03 00, Fax 76 12 25 78, www.sortland-camping.no

Stokmarknes (N68°33'05,4" – E14°55'47,3")
Rund einen Kilometer vom Ortszentrum entfernt befindet sich »Stokmarknes Camping«. Das teils geneigte Gelände mit einigen ebenen Flächen ist schön in einen lichten Birkenwald eingebettet. Hier macht man in einer gemütlichen Atmosphäre Camping. Trotz einfacher Ausstattung verfügt der Campingplatz über Waschmaschine und Trockner.
Tel. 99 23 43 80

Svolvær (N68°14'28,7" – E14°33'02,2")
Der Campingplatz »Knutmarka Feriesenter« befindet sich rund 2,5 Kilometer außerhalb von Svolvær und ist ein guter Ausgangsplatz für Wanderungen im Gebirge. Die Ausstattung ist sehr gut (u. a. Sauna, Aufenthaltsraum) und Boote können ausgeliehen werden.
Tel. 76 07 21 64, www.knutmarka.no

Freundlicher Troll

Kabelvåg (N68°12'24,8" – E14°25'37,8")
»Sandvika Fjord og Sjøhuscamping« in der Nähe von Kabelvåg gehört zu den besten Campingplätzen der Lofoten. Er ist mit vier Sternen ausgezeichnet und hat eine reizvolle Lage am Meer bzw. am Vestfjord mit geschützter Bucht. Der kleine Sandstrand lädt zum Baden ein. Die Ausstattung ist überdurchschnittlich und Boote kann man sich auch ausleihen. Ein schöner Platz für einen längeren Aufenthalt – allerdings machen davon auch viele andere Urlauber Gebrauch.
Tel. 76 07 81 45,www.sandvika-camping.no

Rund drei Kilometer westlich von ***Kabelvåg*** liegt der Campingplatz ***»Ørsågvær Camping«*** (N68°12'32,9" – E14°23'52,1"). Er zählt zu den Größten auf den Lofoten und verfügt über eine umfangreiche Ausstattung. Die Lage am Wasser und die Möglichkeit Boote auszuleihen, machen ihn bei Angelfreunden sehr beliebt. Tel. 76 07 81 80, www.orsvag.no

Stamsund (N68°11'57,1" – E13°58'58,4")
Der idyllische Campingplatz »Brustranda Sjøcamping« liegt am Rolvsfjord, ca. 15 Kilometer nordöstlich von Stamsund und ist über die Straße 815 zu erreichen. Der Vier-Sterne-Platz verfügt über eine gehobene Ausstattung. Boote können ausgeliehen werden.
Tel. 76 08 71 00, www.brustranda.no

Ramberg
»Skagen Camping« gehört sicherlich zu den interessantesten Plätzen auf den Lofoten, weil er direkt am Meer liegt und einen freien Blick Richtung Mitternachtssonne bietet. Hier steht man auf einem teils ebenen, teils flachwelligen Wiesengelände. Ein neues kleines Sanitärgebäude steht zur Verfügung. Dafür entschädigt aber ein herrlicher Sandstrand und die Fernsicht über den Nordatlantik.
Tel. 95 03 52 83, www.lofoten-info.no/skagen/

Moskenes (N67°54'00,2" – E13°03'11,4")
Nahe am Fähranleger befindet sich der ebene Campingplatz »Moskenes Camping« (hinter der weißen Holzkirche einbiegen!). Er liegt etwas oberhalb des Meeres. Die Ausstattung ist zweckmäßig.
Tel. 99 48 94 05

Bodø (N67°16'04,3" – E14°25'01,4")
Der gut ausgestattete Campingplatz »Bodøsjøen Camping« liegt am See Bodøsjøven und ist ein guter Übernachtungsplatz, wenn man auf die »Lofotenfähre« wartet oder in der Nacht mit der Fähre angekommen ist. Er bietet Angel- und Bademöglichkeiten und in rund einem Kilometer Entfernung ein großes Einkaufszentrum.
Tel. 75 56 36 80

REISEINFORMATIONEN VON A BIS Z

Alkohol

Der Alkohol ist in Norwegen teurer als in Deutschland. Hochprozentige Spirituosen und Weine kauft man in dem staatlichen Geschäft »Vinmonopol«, während man Bier (norw. Øl) in vielen Supermärkten kaufen kann. Eine preisgünstige Alternative stellt das alkoholreduzierte Bier »Lettøl« dar. Die meisten Restaurants haben eine Konzession zum Ausschenken von alkoholhaltigen Getränken.

Ärztliche Versorgung

Auch im Urlaub kann man krank werden kommen und dann ist die richtige Hilfe wichtig. Glücklicherweise verfügt Norwegen über ein modernes Gesundheitssystem. Den Notarzt erreicht man unter der Telefonnummer 113. Mitführen sollte man die Auslandsversichertenkarte der Krankenkasse. Ratsam ist es, eine Auslandsreisekrankenversicherung abzuschließen. Auf der zweiten Seite des Telefonbuches findet man unter »legevakt« die Telefonnummern der Ärzte. Medikamente hält die Apotheke bereit.

Baden

Die unzähligen Gewässer laden natürlich zum Baden ein. Wenn auch die Qualität des Wassers überwiegend gut ist, muss jedoch daran gedacht werden, dass die Wassertemperaturen häufig niedrig sind. Lediglich an der südlichen Küste und in den kleinen Seen des südlichen Norwegens stößt man im Sommer auf »angenehme« Temperaturen. Je seichter der See ist, desto besser kann er sich im Sommer aufheizen und eignet sich zum Baden. Die Fjorde dagegen sind aufgrund ihrer großen Tiefe stets kalt und selbst im Sommer baden hier nur »Hartgesottene«.

Botschaft

In dringenden Fällen sollte man sich in Norwegen mit der Botschaft in Verbindung setzen: Deutsche Botschaft, Oscarsgate 45, N-0244 Oslo, Tel. 0047/232775400, Fax 0047/22447672, www.tyskeambassade.no
Sollte man die Norwegische Botschaft in Berlin konsultieren, so steht die folgende Adresse zur Verfügung: Königliche Norwegische Botschaft, Rauchstraße 1, D-10787 Berlin, Tel. 030/505050, Fax 030/505055, E-Mail: emb.berlin@mfa.no, Internet: www.norwegen.no

Beliebte Reiseaktivität: Angeln

Diebstahl und Sicherheit

In Norwegen fühlt man sich auf Anhieb sicher und die Kriminalitätsrate ist gering. Dennoch sollte man unverkrampft Vorkehrungen treffen wie das Abschließen des Wohnmobils und keine Wertgegenstände im Fahrzeug sichtbar liegen lassen, denn auch in Norwegen kann Gelegenheit Diebe machen.

Einreise

Für die Einreise nach Norwegen wird lediglich ein gültiger Personalausweis oder ein gültiger Reisepass benötigt. Für die Kinder bis 16 Jahren muss ein Kinderausweis mitgeführt werden, in dem ab dem 10. Lebensjahr ein Lichtbild enthalten sein muss. Darüber hinaus benötigt der Fahrer einen gültigen nationalen Führerschein, Kfz-Schein, am Fahrzeug muss das Landeskennzeichen angebracht sein. Empfehlenswert ist es auch, eine grüne Versicherungskarte mitzuführen.

Elektrizität

In Norwegen gibt es 220 Volt Wechselstrom. Ein Adapter für den Stecker ist nicht erforderlich. Wer sein Wohnmobil auf dem Campingplatz an das Netz anschließen möchte, benötigt überwiegend den normalen Stecker. Der blaue CCE-Stecker wird selten benötigt, sollte jedoch mitgeführt werden.

Feuer

An manchen Abenden fehlt zur Abenteuerromantik nur noch das offene Feuer. Auf das muss man jedoch leider verzichten, denn offene Feuer sind in der Zeit vom 15. April bis zum 15. September verboten. Wer ein Feuer entdeckt, muss versuchen es zu löschen und wenn nötig die Feuerwehr benachrichtigen (Tel. 110).

Geld und Kreditkarten

In Norwegen zahlt man mit der Norwegischen Krone (NOK, 1 EURO = 8,9 NOK, Stand 2009), aber auch der Gebrauch von Kreditkarten ist verbreitet. Euros kann man bei Banken, Sparkassen und Postämtern in Kronen tauschen oder man hebt direkt an den Bankautomaten mit der EC-Karte oder mit der Kreditkarte Geld ab.

Gletscherwanderungen

Zu einem unvergesslichen Erlebnis kann sicherlich eine Gletscherwanderung werden. Norwegen verfügt mit dem Jostedalsbreen über das größte Gletschergebiet (470 km^2) auf dem europäischen Festland. Lediglich Island besitzt größere Gebiete dieser gigantischen Eismassen. Die Eismassen stellen eine grandiose Touristenattraktion dar. Neben dem Jostedalsbreen und den Gletschern in der Hochgebirgsregion Jotunheimen ist auch der Svartisen-Gletscher (370 km^2) in der Nähe des Polarkreises von Bedeutung. In Jotunheimen kann man Touren von den Ausgangspunkten Spiterstulen und Juvasshytta zum höchsten skandinavischen Berg, dem Galdhøpiggen mit 2.469 Metern starten. Vom Ausgangspunkt werden geführte Wanderungen angeboten, die auch über Gletscher führen.

Da das Gletscherwandern sehr gefährlich ist, man in schneebedeckte Gletscherspalten stürzen kann und zudem auch Lawinen möglich sind, sollte man stets nur angeseilt und mit Führer über diese Eiskolosse wandern. Gletscherkurse werden auf dem Jostedalsbreen (z. B. Gletscherzungen Nigardsbreen), Hardangerjøkul, Folgefonn, Svartisen Gård und in Jotunheimen angeboten. Über Gletscherwanderungen und Anfahrtswege zu den Gletschern informieren die örtli-

Angeseilt geht es über den Gletscher, im Hintergrund taucht der Galdhøpiggen auf.

chen Touristenbüros oder die Infobüros, die sich oft an den Parkplätzen in der Nähe des Gletschers befinden.

Informationen

Bevor es richtig losgeht, sollte man sich intensiv mit der Reisevorbereitung beschäftigen, damit der Urlaub auch wirklich zu den schönsten Tagen des Jahres wird. Behilflich ist das norwegische Fremdenverkehrsamt »Innovation Norwegen«, das zu vielen Themen und Regionen Informationsmaterial bereitstellen kann und auch ein Campingverzeichnis (mit Karte) führt. Adresse: Norwegisches Fremdenverkehrsamt, Postfach 113317, D-20433 Hamburg, Tel. 0180/5001548 (12 ct/Min.), Fax 040/ 22941588, Internet: www.visitnorway.com. Besucheradresse: ABC-Str. 19, 20354 Hamburg

In Norwegen sollte man die örtlichen Touristeninformationen besuchen. Hier erfährt man alles über Campingplätze, Sehenswürdigkeiten und Veranstaltungen.

Jedermannsrecht

Das Jedermannsrecht oder »allemannsretten«, wie es im Norwegischen heißt, ist nicht schriftlich verankert. Es erlaubt jedem Menschen den Aufenthalt und die Fortbewegung in der Natur. Durch den Aufenthalt dürfen die Natur und die Tiere keinen Schaden erleiden. So dürfen Pilze und Beeren gepflückt werden, Moltebeeren in Nordnorwegen jedoch nicht. Feuer in der Natur ist in der Zeit vom 15. April bis zum 15. September strengstens untersagt. Da das Jedermannsrecht noch vor dem Ansturm der Touristen bzw. Wohnmobile entstanden ist, sollte sich der Urlauber nicht darauf berufen und in der Natur sein Wohnmobil abstellen bzw. übernachten (auch auf Rastplätzen ist das Übernachten verboten). Norwegen verfügt über rund 1.400 Campingplätze. Für den Aufenthalt in der Natur sollte das Motto »Nicht stören und nicht zerstören« das Leitmotiv sein.

Kleidung

Glücklicherweise steht im Wohnmobil Stauraum zur Verfügung, sodass man neben der luftigen Sommerkleidung auch Anziehsachen für kalte Tage mitnehmen kann. Regenkleidung und festes Schuhwerk sind ebenso wichtig wie Badesachen und eine Kopfbedeckung.

Mitternachtssonne

Oberhalb des Polarkreises kann man an einigen Tagen im Sommer das Phänomen der Mitternachtssonne beobachten. In dieser Periode ist die Erdkugel so geneigt, dass die nördlichen Bereiche der Nordhalbkugel rund um die Uhr von der Sonne beschienen werden. In den Wintermonaten besteht ein anderer Winkel und die Sonne bescheint die Südhalbkugel. Die Folge ist eine lang anhaltende Periode der Dunkelheit in den nördlichen Teilen auf der Nordhalbkugel. Die Dauer der Mitternachtssonne bzw. die Dauer der dunklen Periode ist abhängig von der nördlichen Lage. Je weiter man im Sommer (oberhalb des Polarkreises) nach Norden gelangt, desto länger kann man die Mitternachtssonne genießen. Der Körper passt sich sehr schnell den hellen und sonnigen Gegebenheiten an und kommt mit weitaus weniger Schlaf aus. Wanderungen bei Sonnenschein in der Nacht gehören zu den unvergesslichen Urlaubserlebnissen.

Dauer der Mitternachtssonne:
Bodø (67°17'15"): 7.6. – 8.7.
Hammerfest (70°39'48"): 16.5. – 27.7.
Nordkap (71°10'21"): 14.5. – 29.7.
Spitzbergen (78°10'): 21.4. – 22.8.
Tromsø (69°39'10"): 20.5. – 23.7.

Periode der Dunkelheit
Bodø (67°17'15"): 15.12. – 29.12.
Hammerfest (70°39'48"): 21.11. – 22.1.
Nordkap (71°10'21"): 18.11. – 24.1.
Spitzbergen (78°10"): 26.10. – 16.2.
Tromsø (69°39'10"): 27.11. – 15.1.

Mücken

Der Wohnmobilreisende verbringt seinen Abend lieber vor seinem Gefährt im Freien und nicht im Wohnmobil. Vereinzelt können Mücken jedoch am Abend lästig werden. Wer nicht flüchten will, sollte sich mit dem richtigen Mückenschutz einreiben, den man in Drogerien und Apotheken kaufen kann. Hilfreich sind auch Mückenspiralen, die angezündet werden und einen abweisenden Geruch verbreiten. Duschen oder ein abendliches Bad können auch helfen, den anlockenden Körpergeruch zu minimieren. Wohnmobile sollten auch mit Mückengitter ausgestattet sein. Doch man kann durchaus behaupten, dass sich der Ansturm der Mücken in Grenzen hält und viele Reisende schon mückenstichfreie Sommerurlaube erlebt haben.

Notruf

In dringenden Fällen erreicht man in Norwegen die Ambulanz unter 113, die Feuerwehr unter 110 und die Polizei unter 112. Sollte man Probleme mit dem Fahrzeug haben, so sollte man den ADAC (Tel. 00 49/89/76 76 76) oder den norwegischen Automobilclub NAF (Tel. 0 85 05) informieren.

Öffnungszeiten

In Norwegen gibt es keine Ladenschlusszeiten, sodass die Unterschiede der Öffnungszeiten zwischen den einzelnen Geschäften sehr groß sind. Tankstellen und Kioske, an denen man ein kleines Sortiment Lebensmittel vorfindet, haben auch bis zum späten Abend und vereinzelt sogar durchgehend geöffnet. Die Geschäfte sind meistens am Donnerstag länger geöffnet und in den großen Einkaufszentren außerhalb der Städte kann man vielfach bis 21.00 Uhr einkaufen. Banken haben in der Regel von Montag bis Freitag von 9.00 bis 15.30 Uhr (Donnerstag bis 18.00 Uhr) geöffnet. Postämter bieten ihre Dienste von 8.30 bis 16.30 Uhr (Mo. – Fr.) und am Samstag von 8.00 bis 13.00 Uhr an. In kleinen Orten verfügen die Supermärkte über Postschalter.

Rad fahren

Erfreulicherweise kann fast jedes Wohnmobil ein Fahrrad am Heck oder in der Heckgarage mitbefördern, ohne dass es die Fahrt stört. In Norwegen gibt es nur in den größeren Städten Radwege, üblicherweise nutzt man die Straße. Aufgrund des welligen und hügeligen Reliefs ist das Fahrradfahren jedoch kräftezehrend. Sportlicher fährt man im Gelände mit dem Mountainbike. An den Campingplätzen gibt es nur sehr selten Fahrräder zum Ausleihen.

Rauchverbot

Für Nichtraucher sehr erfreulich und für so manchen Raucher ein Ärgernis ist das Rauchverbot in den öffentlichen Verkehrsmitteln und Gebäuden. Auch in Bars und Restaurants atmet man saubere Luft statt Rauch ein.

Restaurantbesuch und Trinkgeld

Obwohl Wohnmobilreisende ihre Küche stets dabei haben, sollte man sich den norwegischen Genüssen widmen und ab und an ein Restaurant aufsuchen. In der Mittagszeit werden komplette Menüs (Brot und Butter, Hauptmahlzeit, Salat und Kaffee) angeboten. Beim Bezahlen ist es dann üblich, den Betrag großzügig aufzurunden.

Tax-free

Norwegen besitzt für Besucher mit einem festen Wohnsitz außerhalb Skandinaviens ein Tax-free-System, das steuerfreies Einkaufen ermöglicht. Diese Geschäfte sind am Aufkleber mit der Aufschrift »Tax-free« zu erkennen. Kauft man in einem Geschäft über 315 NOK ein, erhält man einen »Tax-free Shopping Cheque« in Höhe eines reduzierten Mehrwertsteuer-Betrages der erworbenen Waren. Der Scheck kann bei der Ausreise in Bargeld eingelöst werden. Die Rückerstattung erfolgt an allen Ausreisestellen wie Häfen, Fährschiff-Anlegeplätzen bzw. auf dem Fährschiff an der Information, Flughäfen und einigen Grenzübergängen. Die Ware darf jedoch vor der Ausreise nicht gebraucht werden und wird daher eingepackt und versiegelt. Nähere Informationen erhält man bei:
Global Refund Norge AS, Postboks 48, N-132 Österås,
Tel. 0047/67156010, Fax 0047/67156029
E-Mail: taxfree@no, Internet: globalrefund.com

Telefonieren

Sicherlich ist jeder Wohnmobilreisende heutzutage mit dem Handy unterwegs. Sollte man jedoch auf öffentliche Fernsprecher angewiesen sein, so benötigt man dann eine Telefonkarte, die man am Kiosk (u. a. Narvesen-Kiosken) kaufen kann. Dies ist günstiger als das Telefonieren mit dem Handy. Als Landesvorwahl wählt man nach Deutschland 0049, in die Schweiz die 0041 und nach Österreich die 0043 (dann die 0 von der Ortsnetzkennzahl weglassen!). Norwegen hat die Landesvorwahl 0047. Das Mobilfunknetz ist in Norwegen hervorragend ausgebaut. Im Mobilfunknetz von Norwegen wählt man keine Landesvorwahl, wenn man eine norwegische Nummer anwählt.

Trolle

Ein ganz besonderes Phänomen der norwegischen Mythologie und der Literaturgeschichte sind die Trolle. Bereits Henrik Ibsen beschrieb in seinem Theaterstück »Peer Gynt« den bekanntesten Troll, den Dovregubben. Dem Norwegenbesucher begegnen die Trolle, die überwie-

Camping ist in Norwegen eine ideale Reiseform.

gend mit buschigem Haar, langer Nase und ausgefallenen Zähnen dargestellt sind, nahezu überall. Sie sind aus Holz oder Stein gefertigt und stehen in jeder Fußgängerzone. Sie reichen von kleinen Kettenanhängern bis zur rund 14 Meter großen Figur (größter Troll der Welt!) im Familienpark Hunderfossen nahe Lillehammer. Die Trolle sind in den Köpfen der Norweger für alles verantwortlich, was man sich nicht erklären kann. Kinder lauschen gerne ihren Streichen oder schauen sich die Trolle in den Bilderbüchern an. In einsamen Gegenden begegnen einem die Trolle in Form von aufgestellten Steinmännchen, die von Touristen errichtet wurden. Der Troll gehört neben den Elchaufklebern zu den beliebtesten Mitbringseln. Er symbolisiert die Verbundenheit mit dem skandinavischen Land.

Verkehrsbestimmungen

In Norwegen herrscht Rechtsverkehr und es besteht Anschnallpflicht. Das Abblendlicht muss immer eingeschaltet sein. Die Promillegrenze liegt bei 0,2 und die Geschwindigkeitsbegrenzungen liegen in geschlossenen Ortschaften bei 50 km/h, außerhalb der geschlossenen Ortschaften bei 80km/h, auf Schnellstraßen und Autobahnen bei 90 km/h. Im Kreisverkehr hat man grundsätzlich Vorfahrt. Elchwarnschilder und Bremsspuren weisen auf Wildwechsel hin. Zusammenstöße mit Elchen und Rentieren können tödlich enden. Nach einem Zusammenstoß muss die Polizei (Tel. 112) informiert werden.

Wildcamping

Die Übernachtung mit dem Wohnmobil außerhalb von Campingplätzen und Stellplätzen ist verboten.

Zoll

Norwegen ist kein EU-Land und teilweise werden Grenzkontrollen durchgeführt. Ein generelles Einfuhrverbot besteht für Lebensmittel wie Frischfleisch, Kartoffeln und Eier. Ebenfalls ist die Einfuhr von Alkohol und Tabakwaren beschränkt. Erlaubt sind 1 l Spirituosen + 2 l Bier + 1,5 l Wein oder 3 l Wein + 2 l Bier pro Erwachsener (ab 20 Jahre). Raucher dürfen 200 Zigaretten oder 250 g Tabak und 200 Blatt Zigarettenpapier mitbringen. Selbstverständlich dürfte auch sein, dass Waffen und Munition, Rauschgifte, Giftstoffe etc. nicht eingeführt werden dürfen. Jäger müssen bei mitgebrachten Waffen den Zoll informieren und die Waffenlizenz des Heimatlandes vorlegen.

Die meisten Campingplätze haben eine reizvolle Lage.

Register

rdis-Das Nordeuropa-Magazin liefert Ihnen 6 x im Jahr Urlaubs-
mung nach Hause: Reisereportagen und Hintergrundberichte von Journalisten vor Ort
Schweden, Norwegen, Finnland, Dänemark sowie Island, Färöer, Grönland und das
ikum. Mit Insider-Tipps, aktuellen Nachrichten, fundierten Informationen über Kultur,
ik, Wirtschaft und Lifestyle wird **Nordis** für Sie zu einem nützlichen und kompetenten
begleiter.

s Reisehandbuch für alle Skandinavien-Urlauber bietet jährlich aktualisiert
ca. 400 Seiten Rundreisevorschläge, Hintergrundinformationen, tolle Fotos, ein ausführ-
s Adressenverzeichnis und vieles mehr! Preis: 9,80 €.

einem Abo des **Nordis**-Magazins und dem **Nordis**-
sehandbuch Skandinavien holen Sie sich den Norden nach Hause!

Wenn Sie das **Nordis**-Magazin
tzt abonnieren, erhalten Sie die
neue Ausgabe des Nordis
Reisehandbuch Skandinavien
gratis als Prämie dazu.

Einsenden oder faxen an: Nordis Verlag GmbH, Maxstr. 64, D-45127 Essen, Fax: 02 01-8 94 25-11

❍ Senden Sie mir bitte **Nordis** – Das Nordeuropa-Magazin vom nächst erscheinenden Heft an für mindestens ein Jahr zum Preis von € 28,–/sFr 50,– jährlich. Ich erhalte dafür 6 x Nordis frei Haus und als Prämie das aktuelle Skandinavien Reisehandbuch 2010. Nach Ablauf des ersten Abojahres kann ich das Magazin jederzeit wieder schriftlich kündigen.

❍ Ich bin SchülerIn/StudentIn und brauche nur € 22,–/sFr 40,– zu bezahlen. Ein aktueller Nachweis (Studienbescheinigung) liegt bei.

❍ Ich möchte das Skandinavien Reisehandbuch 2010 zum Preis von € 9,80 bestellen.

Name ______ Vorname ______

Straße/Nr. ______ PLZ/Wohnort ______

Gewünschte Zahlungsweise (bitte ankreuzen): Telefon ______

❍ Bargeldlos durch Bankeinzug

Geldinstitut ______

BLZ ______ Konto-Nr. ______

❍ Gegen Rechnung (Bitte keine Vorrauszahlung leisten, sondern Rechnung abwarten)

Datum ______ **Unterschrift** ______

WIDERRUFSGARANTIE: Diese Bestellung kann ich durch Absendung einer kurzen Mitteilung an den **Nordis** Aboservice, Maxstr. 64, 45127 Essen, innerhalb einer Woche (Poststempel) widerrufen. Ich bestätige durch meine 2. Unterschrift, dass ich dies zur Kenntnis genommen habe.

GNB 09

2. Unterschrift ______

Dieses Angebot für das Nordis-Abonnement gilt nur in Deutschland und der Schweiz, für andere Länder zzgl. € 5.– (Portokosten).

Impressum

Produktmanagement: Claudia Hohdorf
Lektorat, Layout und Satz: imprint, Zusmarshausen
Repro: Cromika s.a.s.
Umschlaggestaltung: artesmedia
unter Verwendung von Fotos von Thomas Kliem
Kartografie: Achim Norweg, München
Herstellung: Thomas Fischer
Printed in Italy by Printer Trento S.r.l.

Für Hinweise und Anregungen sind wir jederzeit dankbar. Bitte richten Sie diese an:

Bruckmann Verlag
Postfach 40 02 09
D–80702 München
E-Mail: lektorat@bruckmann.de

Bildnachweis:
Alle Fotos auf dem Umschlag und im Innenteil stammen von Thomas Kliem
Umschlagvorderseite: Thomas Kliem, Kalkar: In Hamnöy im Nordland auf den Lofoten
Umschlagrückseite: Thomas Kliem, Kalkar: Blick auf den Geirangerfjord

Die Deutsche Nationalbibliothek –
CIP Einheitsaufnahme
Ein Titeldatensatz für diese
Publikation ist bei der
Deutschen Nationalbibliothek erhältlich.

3. Aktualisierte Auflage

ISBN 978-3-7654-4355-8